佛教文化经典丛书

白话阿弥陀经

全注·全译·文白对照

注译◎魏琪

陕西新华出版 三秦出版社

图书在版编目（CIP）数据

白话阿弥陀经 / 魏琪 注译．—西安：三秦出版社，2021.11（2025.9 重印）

（佛教文化经典丛书）

ISBN 978-7-80628-130-7

Ⅰ．①白… Ⅱ．①魏… Ⅲ．①阿弥陀经 - 注释 ②阿弥陀经 - 译文 Ⅳ．① B946.8

中国版本图书馆 CIP 数据核字（2002）第 064239 号

佛教文化经典丛书

白话阿弥陀经

魏琪　注译

出版发行	三秦出版社
社　　址	西安市雁塔区曲江新区登高路1388号
电　　话	（029）81205236
邮政编码	710061
印　　刷	三河市兴达印务有限公司
开　　本	720mm×1000mm　　1/16
印　　张	11.75
字　　数	93千字
版　　次	2021年11月第2版
印　　次	2025年9月第7次印刷
标准书号	ISBN 978-7-80628-130-7
定　　价	58.00元
网　　址	http://www.sqcbs.cn

总　序

　　佛教于公元前6世纪诞生在印度次大陆，西汉时期传入中国，与中国固有文化发生冲突和融合，使得中国传统文化变得更加丰富多彩，博大精深，逐渐形成了以儒家文化为主、以道家文化和佛教文化为辅的文化格局。这种格局几乎贯穿于整个中国封建时代。要真正了解中华传统文化，就必须了解中华佛教文化。随着社会历史的风云际会，文化潮流的峰回路转，在人类迈入新世纪之时，越来越多的人们开始把目光投向神秘的佛教文化。

　　佛教文化的载体就是各个时代传下来的汗牛充栋的佛教经典。正如儒家典籍分为经、史、子、集一样，佛教典籍也细分为经、律、论三大类，号称"佛法三藏"。"经"的地位最高，是佛陀为指导弟子修行所宣说的理论。因此，今天的人们最为关注的也就是这些"佛经"。

　　人们激赏、关注佛经，有着各种各样的动机。不管怎样，佛经毕竟已经不再局限于佛教内部，不再只是佛门弟子朝夕诵读的宝卷。学者们探幽发微，极力领悟通达无碍的大乘般若，解读出神入化的因明思辨，进而把握佛教文化与中国文化的脉络。普通人出于修身养性的需要,在接受了儒家和道家四书五经、道德南华的洗礼之后,自然而然地渴求从佛家的经典中汲取智慧和精神营养。如果说读书是千古风雅之事,那么读佛经更是被看做雅中之雅。正如明代学者陈继儒所言:"闭门阅佛书,开门接佳客,出门寻山水,此人生三乐。"相信不少人就是抱着这种心态去读佛经的。

读佛经固然富有禅意,可是佛经却并非人人都能读懂,除了少数学者外,即使是终日诵习的佛门弟子,也常常受到"文字障"的困扰,更不用说一般读者了。有鉴于此,我社应读者的要求,组织国内佛教研究专家,编写了这套"佛教文化经典丛书",选取十一部在佛教史上影响最大、在中国僧俗群众中名气最大的著名经典,详加注解破译,以便让深邃精妙的禅机法慧,化作为大众所喜闻乐见的菩提甘泉,滋溉读者的心田。这十一部经典是:《金刚经》《法华经》《圆觉经》《地藏菩萨本愿经》《六祖坛经》《楞伽经》《楞严经》《阿弥陀经》《无量寿经》《观无量寿经》《胜鬘经》。注译者抱着高度负责的态度,发扬当年译经大德的精神,潜心体悟,字斟句酌,力求使"二次传译"保持原经文的神韵,而又不失质朴和通俗晓畅。我们真诚地希望广大读者提出宝贵的意见,以便使丛书越出越好。

目　录

序 …………………………………… 001
经文集录 …………………………… 001
经文注译 …………………………… 007
《阿弥陀经》中人物故事 ………… 099
　佛陀的童年 ……………………… 099
　鬼子母改邪归正 ………………… 103
　狮敬染衣人　获福无量 ………… 105
　贪欲不戒　世世不得解脱 ……… 108
　白香象 …………………………… 113
　乌龟与水狗 ……………………… 118
　佛视病人　爱如亲子 …………… 120
　何为"苦"之根本？ ……………… 122
　鹿王 ……………………………… 125
　檀弥离 …………………………… 131
　摩诃罗学舌遭罪 ………………… 137
　佛分半座 ………………………… 145

以水卖贫 ················ 151
一偈得道 ················ 153
雁臣性善 忠义动天 ········ 157
投河不死 ················ 165
八足狮与国王 ············· 167
舵手善往彼岸 ············· 170
兔子舍身待客 ············· 176

序

　　佛经，即佛教经典，所以又称佛典。广义上，它包括佛教的经、律、论等各种著述，卷帙浩繁，达2万余卷。在众多的经卷中，《阿弥陀经》可以说是广大佛教信徒及普通百姓最熟悉，并在佛教中影响最广泛的一部经典。

　　在我国，阿弥陀佛是家喻户晓、妇孺皆知的。但如果问一下阿弥陀佛是怎样的一位佛？来自何处？有什么本领等等问题时，大多数人可能会哑口无言。假如您有兴趣阅览一下本书——《白话阿弥陀经》，那么，您将对阿弥陀佛及其在佛教中的地位及有关的佛教知识等等问题，会有一个比较清楚明了的认识。

　　《阿弥陀经》又名《小无量寿经》，与《观无量寿经》、《无量寿经》合称"净土三经"，是中国佛教净土宗所依据的三部经典之一。主要内容为介绍西方极乐世界的奇异美妙及其教主阿弥陀佛的不可思议功德，认为，人们只要一心念诵阿弥陀佛的名号，死后均可往生到西方极乐世界，享受无边无量的幸福。

　　《阿弥陀经》中的佛教思想，属大乘一派。佛教在它产生的初期是一种力主"自力拯救"的宗教，认为每个人只有通过自己的努力修习，才能断绝前世所造之"业"，跳出六道轮回，得到解脱，所以，特别看重个人的宗教修持。与之相反,《阿弥陀经》却宣传了另一条解脱的道路:不强调修行,甚至说可以不用自己修行,只要相信阿弥陀佛及其所教化的西方极乐世界的存在("信"),发愿意往生西方极乐世界的大愿("愿"),并别除一切杂念,一心一意称念阿弥陀佛的名号("行"),那么,死后就可往生西方极乐世界,享受在现实生活中无法享受到的幸福快乐,得到永生。这种方法,比起任何宗教修持都简单易行得多,所以,迅速为广大百姓所接受,阿弥陀佛也成为人人皆知的佛。

《阿弥陀经》全文虽不足2700字,但所含思想及其影响在我国佛教界非常大。它所主张的"他力拯救"的思想对以前苦修不已的"自力拯救"思想来说,无疑是一种革命;以它为经典之一的我国净土宗,更使这种佛教思想遍及唐以后的各个朝代。所以,了解《阿弥陀经》,可增长我们的佛教知识,有助于对佛教历史的认识和对佛教文化的探讨,使我们以客观公正的态度面对佛教。

本书在《阿弥陀经》的注译之后,摘录编写了《阿弥陀经》中所涉及人物的一些佛经故事,也许有助于我们对《阿弥陀经》的认识。从中我们也可以看到佛经(佛经故事是佛经的一个重要组成部分)的广泛以及佛经故事在宣传佛理、帮助人们领悟佛道中的独到作用和对我国古代文学艺术的深远影响,等等。

就佛经的翻译对我来说尚属首次,加之佛理深奥、难懂,故注译中肯定会有纰缪、疏漏之处,敬请广大读者批评指正。

佛说阿弥陀经

姚秦三藏法师鸠摩罗什译

经文集录

如是我闻：

一时，佛在舍卫国祇树给孤独园，与大比丘僧千二百五十人俱，皆是大阿罗汉，众所知识：长老舍利弗、摩诃目犍连、摩诃迦叶、摩诃迦旃延、摩诃拘絺罗、离婆多、周利槃陀迦、难陀、阿难陀、罗睺罗、憍梵波提、宾头卢颇罗堕、迦留陀夷、摩诃劫宾那、薄拘罗、阿㝹楼驮，如是等诸大弟子。并诸菩萨摩诃萨：文殊师利法王子、阿逸多菩萨、乾陀诃提菩萨、常精进菩萨，与如是等诸大菩萨及释提桓因等无量诸天大众俱。

尔时，佛告长老舍利弗：

从是西方，过十万亿佛土，有世界，名曰极乐。其土有佛，号阿弥陀，今现在说法。

舍利弗，彼土何故名为极乐？其国众生，无有众苦，但受诸乐，故名极乐。

又舍利弗，极乐国土，七重栏楯，七重罗网，七重行树，皆是四宝周匝围绕，是故彼国名为极乐。

又舍利弗，极乐国土，有七宝池，八功德水充满其中，池底纯以金沙布地。四边阶道，金、银、琉璃、玻璃合成。上有楼阁，亦以金、银、琉璃、玻璃、砗磲、赤珠、玛瑙而严饰之。池中莲花，大如车轮，青色青光、黄色黄光、赤色赤光、白色白光，微妙香洁。舍利弗，极乐国土，成就如是功德庄严。

又舍利弗，彼佛国土，常作天乐，黄金为地，昼夜六时，雨天曼陀罗花。其土众生，常以清旦，各以衣祴盛众妙花，供养他方十万亿佛。即以食时，还到本国，饭食经行。舍利弗，极乐国土，成就如是功德庄严。

复次，舍利弗，彼国常有种种奇妙杂色之鸟：白鹤、孔雀、鹦鹉、舍利、迦陵频伽、共命之鸟。是诸众鸟，昼夜六时，出和雅音，其音演畅五根、五力、七菩提分、八圣道分，如是等法。其土众生，闻是音已，皆悉念佛、念法、念僧。

舍利弗，汝勿谓此鸟实是罪报所生。以者何？彼佛国土，无三恶道。舍利弗，其佛国土，尚无恶道之名，何况有实？是诸众鸟，皆是阿弥陀佛欲令法音宣流，变化所作。

舍利弗，彼佛国土，微风吹动诸宝行树及宝罗网，出微妙音，譬如百千种乐同时俱作。闻是音者，自然皆生念佛、念法、念僧之心。舍利弗，其佛国土，成就如是功德庄严。

舍利弗，于汝意云何？彼佛何故号阿弥陀？

舍利弗，彼佛光明无量，照十方国无所障碍，是故号为阿弥陀。

又舍利弗，彼佛寿命及其人民，无量无边阿僧祇劫，故名阿弥陀。舍利弗，阿弥陀佛成佛以来，于今十劫。

又舍利弗，彼佛有无量无边声闻弟子，皆阿罗汉，非是算数之所能知。诸菩萨众亦复如是。舍利弗，彼佛国土，成就如是功德庄严。

又舍利弗，极乐国土，众生生者，皆是阿鞞跋致。其中多有一生补处，其数甚多，非是算数所能知之，但可以无量无边阿僧祇说。

舍利弗，众生闻者，应当发愿，愿生彼国。所以者何？得与如是诸上善人俱会一处。

舍利弗，不可以少善根福德因缘，得生彼国。

舍利弗，若有善男子、善女人闻说阿弥陀佛、执持名号，若一日、若二日、若三日、若四日、若五日、若六日、若七日，一心不乱，其人临命终时，阿弥陀佛与诸圣众现在其前；是人终时，心不颠倒，即得往生阿弥陀佛极乐国土。舍利弗，我见是利，故说此言。若有众生闻是说者，应当发愿生彼国土。

舍利弗，如我今者，赞叹阿弥陀佛不可思议功德之利，东方亦有阿閦鞞佛、须弥相佛、大须弥佛、须弥光佛、妙音佛，如是等恒河沙数诸佛，各于其国，出广长舌相，遍覆三千大千世界，说诚实言：汝等众生，当信是称赞不可思议功德、一切诸佛所护念经。

舍利弗，南方世界，有日月灯佛、名闻光佛、大焰肩佛、须弥灯佛、无量精进佛，如是等恒河沙数诸佛，各于其国，出广长舌相，遍覆三千大千世界，说诚实言：汝等众生，当信是称赞不可思议功德、一切诸佛所护念经。

舍利弗，西方世界，有无量寿佛、无量相佛、无量幢佛、大光佛、大明佛、宝相佛、净光佛，如是等恒河沙数诸佛，各于其国，出广长舌相，遍覆三千大千世界，说诚实言：汝等众生，当信是称赞不可思议功德、一切诸佛所护念经。

舍利弗，北方世界，有焰肩佛、最胜音佛、难沮佛、日生佛、网明佛，如是等恒河沙数诸佛，各于其国，出广长舌相，遍覆三千大千世界，说诚实言：汝等众生，当信是称赞不可思议功德、一切诸佛所护念经。

舍利弗，下方世界，有师子佛、名闻佛、名光佛、达摩佛、法幢佛、持法佛，如是等恒河沙数诸佛，各于其国，出广长舌相，遍覆三千大千世界，说诚实言：汝等众生，当信是称赞不可思议功德、一切诸佛所护念经。

舍利弗，上方世界，有梵音佛、宿王佛、香上佛、香光佛、大焰肩佛、杂色宝花严身佛、娑罗树王佛、宝花德佛、见一切义佛、如须弥山佛，如是等恒河沙数诸佛，各于其国，出广长舌相，遍覆三千大千世界，说诚实言：汝等众生，当信是称赞不可思议功德、一切诸佛所护念经。

舍利弗，于汝意云何？何故名为一切诸佛所护念经。舍利弗，若有善男子、善女人闻是经受持者及闻诸佛名者，是诸善男子、善女子皆为一切诸佛之所护念，皆得不退转于阿耨多罗三藐三菩提。是故，舍利弗，汝等皆当信受我语及诸佛所说。

舍利弗，若有人已发愿、今发愿、当发愿，欲生阿弥陀佛国者，是诸人等，皆得不退转于阿耨多罗三藐三菩提，于彼国土，若已生、若今生、若当生。是故，舍利弗，诸善男子、善女子若有信者，应当发愿，生彼国土。

舍利弗，如我今者，称赞诸佛不可思议功德。彼诸佛等，亦称赞我不可思议功德，而作是言：释迦牟尼佛能为甚难希有之事，能于娑婆国土、五浊恶世——劫浊、见浊、烦恼浊、众生浊、命浊中，得阿耨多罗三藐三菩提，为诸众生，说是一切世间难信之法。

舍利弗，当知我于五浊恶世行此难事，得阿耨多罗三藐三菩提，为一切世间说此难信之法，是为甚难。

佛说此经已。舍利弗及诸比丘、一切世间天、人、阿修罗等,闻佛所说,欢喜信受,作礼而去。

拔一切业障根本得生净土陀罗尼。

南无阿弥哆婆夜、哆他伽哆夜、哆地夜他、阿弥唎都婆毗、阿弥唎哆、悉耽婆毗、阿弥唎哆、毗迦兰帝、阿弥唎哆、毗迦兰哆、伽弥腻、伽伽那、枳多迦隶、娑婆诃。

经文注译

【经文】

佛①说阿弥陀经②

姚秦③三藏法师④鸠摩罗什⑤译

【注释】

①佛：梵文 Buddha 音译之略，全译"佛陀"、"佛驮"、"浮陀"、"浮屠"、"浮图"等。意译"觉者"、"知者"、"觉"。这里系指佛教创始人释迦牟尼。释迦牟尼，姓乔答摩、名悉达多。释迦，种族名，意为"能"，牟尼，亦译"文"，一种尊称，意为"仁""儒""忍""寂"。合为"能仁"、"能儒"、"能忍"、"能寂"等。释迦牟尼即为释迦族的"圣人"，是佛教徒对他的尊称。相传，乔答摩·悉达多是古印度北部迦毗罗卫国（在今尼泊尔南部提罗拉科特附近）净饭王的太子，活动年代约与中国孔子同时。幼时受传统的婆罗门教育，29岁（一说19岁）时因有感于人世生、老、病、死各种痛苦和烦恼及对当时婆罗门教不满，舍弃王族生活，别妻离子，出家修道。35岁（一说

30岁）得道成佛，先在波罗奈城鹿野苑向其侍从说法，此后一直在印度北部、中部恒河流域进行说教，组建僧团，奠定原始佛教的基本教义。公元前486年，80岁高龄的释迦牟尼在拘尸那城外的娑罗双树下包环白花之香入灭，据传当时树林花朵亦放、林色变白，仿佛仙鹤群居。逝世后，初被视为"先觉者"，尊为"佛"，后渐被神化。他创立的佛教也渐渐分化，其中，影响最大，在亚洲乃至全球广为传播的，主要有大乘、小乘两大派。

"大乘"是梵文"摩诃衍那"的意译。"摩诃"意"大"，"衍那"为"乘载"、"道路"。公元1世纪时，在印度佛教内形成了一种新的教派，自称能"普渡众生"，如同一条硕大的船能运载众生从生死此岸（即现实世界）到达涅槃解脱的彼岸，成就佛果。故自称"大乘"，早期的大乘佛教（约1世纪至5世纪）以宣扬"假有性空"的理论为主、逐步形成由龙树、提婆创始的中观学派。中期的大乘佛教（约5世纪至6世纪）以阐发"万法唯识"的佛经为主，从而形成由无著、世亲开创的瑜伽行派。后期的大乘佛教（约7世纪至13世纪）义学日益衰微，密教起而代之，加之印度社会的变迁等各方面原因，使佛教渐在印度本土绝迹。大乘佛教主要流传于中国、朝鲜、日本等国，属北传佛教。主要经典有《般若经》、《维摩经》、《大般涅槃经》、《法华经》、《华严经》、《无量寿经》等。

"小乘"是梵文"希那衍那"的意译。大乘佛教兴起后，即贬以前的部派佛教为"小道"、"小业"的小乘。后一直被学术界沿用，但不再含贬义。小乘佛教主要流传于斯里兰卡、泰国、缅甸、老挝、柬埔寨等国，属南传佛教。主要经典有《阿含经》等。

大乘佛教和小乘佛教虽都遵守佛教基本教义，以释迦牟尼为创始人，追求涅槃解脱，但在许多方面持见不同，主要有以下几点：第一，小乘把佛陀释迦牟尼看做老祖宗，再崇高也是人。所以小乘之"佛"专指释迦牟尼佛；大乘则把佛陀释迦牟尼绝对神化，提出其有二身、三身以至十身的说法，认为他是全智全能、先知先觉、大慈大悲、法力无边的最高人格神。其所言之"佛"泛指能"自觉"、"觉他"、"觉行圆满"者，不仅指释迦牟尼佛，还包括三世十方的无数佛，如过去的七佛、燃灯佛，未来的弥勒佛，东方香积世界的阿閦鞞佛、须弥相佛……，南方欢喜世界的日月灯佛、名闻光佛……，西方极乐世界的无量寿佛、大光佛……，北方莲花庄严世界的最胜音佛、焰肩佛，等等。第二，小乘主张"我空法有"，否认实有的我体，承认客观物质世界的存在；而大乘主张"我法两空"。第三，小乘追求个人的自我解脱，主张修戒、定、慧三学（意即通过持守戒律、修习禅定而获得智慧）和八正道，以断除自己的一切烦恼、超脱生死，成就阿罗汉果位为最高目标；大乘则认为，没有众生的解脱就没有个人的真正解脱，主张普渡众生。在修行上偏重于"六度""四摄"（六度：布施、持戒、忍辱、精进、禅定、智慧。四摄：布施、爱语——对众生以慈爱的语言和态度加以劝慰，利行——做利于众生的事，同事——与众生同处，随机教化。）的菩萨行。第四，小乘认为要实现修行的理想就必须出家；大乘却不那么严格，认为出家、居家皆可。

②阿弥陀经：佛经名，亦称《小无量寿经》《小经》，为净土三部经之一。该经宣称西方阿弥陀极乐净土的众生"无有众苦，但受诸乐"，只要世人一心称念阿弥陀佛的名号，死后就可往生该处。阿弥陀佛：佛名，梵文音译。密教称甘露王。净土

宗的主要信仰对象。据称，阿弥陀佛是月上转轮圣王和殊胜妙颜夫人的儿子，修行前乃为国王，因受本国世自在王佛的影响，弃王位而出家修行，法名法藏。修行时曾立重誓：成佛后愿显现出一个清静、快乐的世界——西方极乐世界，让十方（东方、南方、西方、北方、东南、东北、西南、西北、上、下，叫做十方）里一切愿往我土的众生，称念我的名号往生到此，享受种种快乐。后信仰者称阿弥陀佛为西方极乐世界的教主，能接引念佛之人往生"西方净土"，故又称之为"接引佛"。有13个名号：无量寿佛、无量光佛、无边光佛、无碍光佛、无对光佛、焰王光佛、清净光佛、欢喜光佛、智慧光佛、不断光佛、难思光佛、无称光佛、超日月光佛。

③ 姚秦：亦称后秦。南北朝时前秦（又称苻秦）苻坚之帝位被姚苌所夺，故有此称。

④ 三藏法师：三藏，佛教典籍的总称。"藏"，原意是盛放东西的竹筐。佛教用以概括全部佛教典籍，意近"全书"。佛教典籍有经、律、论三大部分，故称三藏。"经"是以佛祖释迦牟尼口气叙述的典籍；"律"，戒律，指佛教徒应该守的各种戒；"论"是从理论上解释"经"的著作。三藏皆分大小乘，即有大乘经、小乘经；大乘律、小乘律；大乘论、小乘论。法师：指精通佛法，能以佛法来教导世人的出家人。三藏法师指通晓三藏的僧人，如唐玄奘被称为"唐三藏"。

⑤ 鸠摩罗什：亦译"鸠摩罗什婆"、"鸠摩罗耆婆"。略称"罗什""什"。意译"童寿"。姚秦时高僧，中国四大译经家之一。父籍天竺，名鸠摩罗炎，母名耆婆，生鸠摩罗耆婆于西域龟兹国（今新疆库车一带）。7岁随母出家，初学小乘佛教，后遇出身莎车贵族的大乘名僧须利耶苏摩而转学大乘，并成为名

满西域的高僧,"每至讲说,诸王长跪高座之侧,令什践其膝以登焉"。后秦弘始三年(401),后秦王姚兴派人迎至长安,待以国师之礼,并请入逍遥园西明阁,从事译经和讲经活动。对其译经总数说法不一,据《出三藏记集》,为 35 部 294 卷,而《开元释教录》记载为 74 部 384 卷。鸠摩罗什的翻译,在中国翻译史上树起了一块里程碑。从总体上说,其译文简练精粹、流畅可读,使原著的思想内容更加清晰明朗,有的或已接近"信达雅"的完美程度,故他的译文流传最广、影响最大。其中,"三论"(《中论》《十二门论》《百论》)为三论宗所依主要经典;《成实论》流行于江南,为成实学派主要依据;《法华经》为天台宗所依主要经典;《阿弥陀经》是净土宗所依"三经"(另二经为《无量寿经》《观无量寿经》)之一。

【白话】

阿弥陀经

著者:佛祖释迦牟尼

译者:【后秦】三藏法师鸠摩罗什

【说明】

一、这段文字旨在说明《阿弥陀经》得自佛祖真传,并点明译者。

二、对于译者,我们还应该说明的是:他不仅仅是位伟大的翻译家,也是一位有自己独立佛教哲学思想的佛学家。他受龙树、提婆的中观思想影响很大,可说是中观派一员,但又与其不同。鸠摩罗什突出了中观思想中怀疑论的成分,从根本上否认语言概念在把握真理上的可靠性，否认人的认识能力。他不承认有任何实体，也不相信有不灭的识神（指不死的灵魂），甚至佛性、涅槃也不过是一种名言假设。认为佛是众生的自我创造，彼岸的净土并非真实存在。基于这种思想，他特别渲染破神论，其译籍充满了对诸神不死的批判，与大约同时，在东晋治下生活的名僧慧远所弘扬的"神不灭论"形成对峙。当然鸠摩罗什强调其怀疑论观点只属于佛教的"真谛"，是为高层次人讲的；佛教还有为世俗人说的"俗谛"：世间一切关系和观念都是合理的，不但现存世界是真实的，一切神、鬼、菩萨、佛也是真实的。这种"二谛"说，可以导向多重真理论，为混世主义提供辩解。

此外，鸠摩罗什在后秦国王姚兴的扶持下，组织了庞大的译经集团和讲经活动。其门下集结了当时全国的僧侣精英，人才辈出，他们大都"学该内外"，既善佛典，又通《老》《庄》和《易》《论》等六经；经理世务、亦有才干。后有所谓四杰、八俊、十哲等美誉。他们之中有中国僧官制度的始创人僧䂮、僧䚮等；有主张僧徒从事农工商医卜，肆力以自供的门徒道恒，他的思想清除了外来佛教鄙视生产劳动之陋习，为中国佛徒经营独立经济实体制造了舆论。

鸠摩罗什门下最大的成就还在于发展中国化的佛学理论，扩大佛教义学的传播范围。其活动于东晋和南朝的僧徒甚众，这里需要特别提出的是僧叡和僧肇。僧叡为鸠摩罗什的主要弟子之一，罗什的重要译籍，大都经过他的手笔，且多有序言。他也是最早的中国佛教思想史学家和佛教思想评论家，对鸠摩罗什关于无神、无佛性之说，提出了婉转的批评，撰有《二秦众经录》。僧肇是罗什门下最年轻、最有才华的学僧。原初崇信老庄，后因读《维摩诘经》倍加欣赏而出家。以擅长般若学著称，一生论著颇丰，尤以《肇论》著名。《肇论》有一个完整的神学思想体系，它把郭象一派的庄学同《维摩》的般若观点相融合，同时协调三世因果等思想，对当时玄学、佛学讨论的一些主要问题作了总结性的回答。它把佛教神学问题和哲学认识论问题紧密结合起来，以高度抽象的理论形式表达出来，标志着中国佛教神学理论达到了一个新阶段。《肇论》是中国道家古典哲学同外来佛教哲学在特定政治文化条件下相冲撞交汇的产物，是中国佛教哲学发展史上一部划时代的力作。

三、这里，我们还应对后秦国王姚兴作一说明，姚兴是当时北方诸国中最有作为的帝王之一，他注意招徕人才，提倡儒学和佛学，一时长安学者云集，成为北方文化重镇，影响及于江南、西域、天竺。姚兴崇佛同其他帝王不同，他不着意于兴建庙宇、作诸佛事，也不倡导灵异辅政，而是注重义学理论，以之取贤士、淳风化。他为鸠摩罗什建译场，促使全国理论重心明显转向佛教义学，佛籍译场成为理论策源地。可以说姚兴在促进国人对佛学的深入了解，加速佛教中国化等诸多方面发挥过重要作用。

四、鸠摩罗什是佛典汉译的"四大译经家"之一，其余三位为真谛、玄奘、不空。

真谛（499—569），音译"彼罗末陀"、"拘罗那陀"、"拘那罗陀"，意译为"亲依"。据《续高僧传》卷一、《大唐内典录》卷四、五等载，本为西天竺优禅尼国人，后至扶南（今柬埔寨）。公元546年，应梁武帝之邀来华，游历南方各地，并从事译经。后在广州刺史欧阳颁父子支持下，定居广州，携弟子一起专心译经。从梁武帝末（约548年）至陈太建元年（约569年），共译经论纪传64部278卷，其中主要有《十七地论》、《金光明经》、《无上依经》、《仁王般若经》、《广义法门经》、《唯识经》、《摄大乘论》、《摄大乘论释》、《律二十二明了论》等，较为系统地介绍了大乘瑜伽行派的思想。所译《摄大乘论》为南朝摄论学派的主要理论依据，影响最大。与以前翻译不同的是真谛将重点由经典转向论典，反映了佛教学者的兴趣和精力开始转向研究、会通和创立学派。

玄奘（602—664），尊称"三藏法师"，俗称"唐僧"、"唐三藏"。唯识宗创始人，本姓陈，名袆，洛州缑氏（河南偃师缑氏镇）人。少罹穷酷，随二兄居洛阳净土寺。年13，破格受度为僧。隋末大乱时，随兄辗转至蜀都，参与各家讲席，表现出惊人的记忆力和理解力，由是雄伯沙门。622年背兄私遁，与商人结侣经三峡至荆州，北转相州、赵州到长安，途中既讲且学、质难问疑、探索不止，在长安更是多方参学，由是也愈觉各师所说不一，各种经典也不尽相同，决心西行求法，以释所惑。629年，因北方灾荒严重，朝廷准许道俗自行求生。玄奘趁机西行，经姑藏（今甘肃武威），出敦煌、涉流沙、越雪山，历尽艰险，抵北印度地区参学讲习，后至中印度，634年到达王舍城（属中印度摩揭陀国），进入当时印度佛教的最高学府——那烂陀寺。在此他师从戒贤三藏，精修《论伽师地论》、《显扬圣教论》、《中论》、《百论》、《俱舍论》等论典，旁及瑜伽行派的其他论著和有部、中观诸派的思想，前后历时5年，被推为十大德之一，地位尊崇，待遇优厚。此后继续游学东印、南印和西印诸国，声誉日高，受到戒日王和拘摩罗王的特别敬重。戒日王还在曲女城为玄奘设立五印论师大会，到会者有国王18位、僧众3000余、婆罗门及外道2000余、那烂陀寺僧千余。作为论主的玄奘宣讲大乘教义，折服众僧徒，被美誉为"大乘天"和"解脱天"，成为当时印度大乘学系的最高权威。他谢绝了印度诸王和学人的再三恳留，毅然东归，于645年（贞观十九年）返回长安，受到唐太宗礼遇，在大慈恩寺译经。玄奘从印度共带回梵经520夹、657部，经19年，总共译出75部、1335卷，占总种类的八分之一强。玄奘的译介重点是瑜伽行学派和一切有部论著，此外对般若经类作了系统的编纂。玄奘翻译是译经史上的最高成就，其译文凝练而精美，既保持了原本的文采风貌，又显示了汉文的典雅明畅。

不空（705—774），音译"不空金刚"的略称，音译"阿目佉跋折罗"。密宗创始人之一。与善无畏、金刚智并称"开元三大士"。不空原为北天竺人，一说师子国（今斯里兰卡）人，15岁出家，师从金刚智，后同至洛阳广福寺，20岁在此寺受具足戒，参与译场，传五部密法。金刚智去世后，奉其遗命率弟子含光等37人于唐玄宗天宝二年（743年或741年）至师子国和天竺广求密藏，三年后反唐。先住鸿胪寺，后奉诏入宫，建立曼荼罗，为皇帝灌顶，帝赐号"智藏"。以后唐代宗又赐号"大广智三藏"，生前还加封为"开府仪同三司"、"肃国公"，死后则谥"大辩正广智不空三藏和尚"。不空生平翻译了大乘及密教经典共77部、120余卷，主要有《金刚顶经》（全称《金刚顶一切如来真实摄大乘现证大教王经》）、《金刚顶瑜伽中发阿耨多罗三藐三菩提心论》、《仁王护国般若波罗蜜多经》、《大乘密严经》。

五、由于《阿弥陀经》属大乘系，所以我们有必要对大乘的两大重要派系中观派、瑜伽行派作一说明，以便更好地理解《阿弥陀经》。中观派为梵文意译，又称"大乘空宗"。约3世纪时由龙树、提婆创立，后为佛护、清辩所发展。此派认为大乘般若经中的"空"，并不是虚无，而是一种没有客观实体，不可用语言文字表达的状态，这才是宇宙万物的真实本性。为了进一步阐发其思想，提出"真俗二谛"之说，认为由世俗的名言概念来看，事物和众生现象是存在的，是"有"，但这种认识属于戏论范围，即为"俗谛"；对于那些已脱离"无明"，具有佛教直觉"现观"能力的人来说万事万物皆"空"，他们能破除"有"的假相，看出"空"的真性。即"真谛"。"真俗二谛"是同一事物的两个方面，对任何事物来说，从俗谛看是"有"，从真谛看是"空"，也就是说，"世俗有"即是"毕竟空"，"毕竟空"即存在于"世俗有"中。认为只有从俗谛入手进行认识，才能掌握真谛，如《中论·观四谛品》所言"若不依俗谛，不得第一义，不得第一义，则不得涅槃"。这种在理论上把"性空"和"假有"统一起来，在认识上和方法上把名言同实相、俗谛同真谛统一起来，在宗教实践上，把世间和出世间、烦恼和涅槃统一起来的所谓"假有性空"、不着有、无二边的观点，即名为"中观"。又因其讲自性空而被称为"大乘空宗"。龙树还提出不生不灭，不常不断、不一不异、不来不出的"八不中道"来进一步解释中观理论。用这种理论来观察事物，任何事物都是处在相对矛盾的状态中，因而是不真实了，无自性的，即"空"。大乘中观学派的主要经典《中论》、《十二门论》、《大智度论》、《百论》、《般若灯论释》、《大乘掌珍论》。其中观思想对中国佛教的很多宗派，如三论宗、天台宗、华严宗、禅宗等都产生过重要影响。瑜伽行派为梵文意译，又称"大乘有宗"。"瑜伽"意"相应"，本为古印度的一种宗教修行方法，佛教用来表示以调息、静虑而达到摄心修慧的宗教修行。无著、世亲在公元5、6世纪创立的这一派因特别强调瑜伽修行方法，所以被称为瑜伽行派。此派的基本思想，就是极力论证世界万物是由"识"所变现。所谓"识"泛指一切精神现象，即人的思维、认识作用及产生这种作用的心的特殊功能。用现在的哲学术语来说就是"意识是第一性，物质是第二性，意识产生物质"。瑜伽行派将人的"识"分为8种，前6种为眼、耳、鼻、舌、身、意，它们是人的感觉、思维作用和能力。第7识叫做末那识，第8识叫做阿赖耶识，第7识是联系前6识和第8识的桥梁，第8识在八识中最为重要，它内藏变现万物的潜在功能，即"种子"，亦称"藏识"。认为前6识作用的对象——客观存在万事万物，就是"种子"所变现。所以这种认识是一种内在的认识，封闭的体系，由此他们得出"三界唯心"，"万法唯识"的结论。瑜伽行派根据"万法唯识"的道理，用遍计所执性、依他起性、圆成实性这"三自性"解释一切认识现象。又用相分、见分、自证分、证自证分这"四分"来进一步解释分析认识的职能和作用。同时把宇宙万有的物质和精神现象概括为"五位百法"，从而进一步完成了佛教的名相分析系统，发展了佛教逻辑"因明学"。在以后的发展过程中，瑜伽行派形成以难陀、安慧为代表的唯识古学和以陈那、护法为代表的唯识新学（亦称"唯识今学"）。南北朝时，瑜伽行派传入中国，后唐玄奘自印度归国，大量译传此派经典（主要为唯识今学），并依之建立法相唯识宗，在唐极盛并传入日本、朝鲜。瑜伽行派的主要经典《解深密经》、《瑜伽师地论》等。

六、最后，我们说明一下佛经。从广义上讲，佛经泛指佛教一切典籍，包括经、律、论等各种著述。从狭义上说，有两个含义：第一、指经、律、论三藏之一的经藏部分。"经"梵文音译为"修多罗"、"修妒路"、"素怛览"等，意译"契经"。

《瑜伽师地论》说"契经者，谓贯穿文"指佛指导弟子修行所说的教法。第二、"经"指佛典中的长行。即散文，而不是偈颂，不属于"授记"、"本生"、"论议"等部分。《瑜伽师地论》说："契经者，长行直说"，《成实论》亦载"修多罗者，直说语言"。

根据《玄义》所载，"经"有三种形式，即所谓"经体三尘"。第一为"声"，于佛在世时闻佛之音而得到的，是以"声尘"为经。第二为"色"，在佛涅槃后由经卷纸墨而传授的，是以"色尘"为经。第三为"法"，内心思维自法，而契于理，不由他教、不由纸墨，是以"法尘"为经。

据说，释迦牟尼逝世后，其弟子迦叶、阿难等人为了不使佛生前教法被后人遗忘或误传，而作佛教结集（即佛教会议），汇编释迦牟尼的遗教。据某些典籍记载，在第一次结集时，侍从释迦牟尼时间最长、号称"多闻第一"的大弟子阿难背诵了释迦牟尼的教说，此即为"经"。号称持律最精的弟子优波离则背诵了释迦牟尼关于戒律的一系列教导，此即为"律"。还有的典籍则主张在第一次结集时，除诵出"经"、"律"外，还由大弟子迦叶诵出了不少佛教学子们解释佛教教法的论述，即为"论"。进而，还有的典籍宣称，除经、律、论外，还结集了杂集和梵咒等等。

学者们认为，第一次结集时，佛弟子们把释迦佛的一些教导诵出，形成最初的佛经，这是可信的。但是，当时是否形成完整的经、律、论三藏，尚存疑惑，至于说结集出杂集、梵咒，则纯为后世传说，不足为信。

最初的佛经产生后，仅为口口相传，而无文字记载。在这样的传播过程中，讹误和理解不一是难免的。这也是后来佛教分裂为许多部派的原因之一。文字佛经的出现是很久以后的事情。据载,早期来中国传教的西域僧人所用方式仍为口授。

佛经的种类很多,按文字分,有梵文、巴利文、汉文、藏文等佛经。汉文佛经一般分为大乘经、小乘经两种。其中大乘经又分为华严部、方等部、般若部、法华部、涅槃部,或为般若部、宝积部、大集部、华严部、涅槃部。小乘经分为阿含部、小乘部。我国是世界上保存佛经最多最全的国家,仅宋初至清末的1000年间,官方与民间共刻了20次大藏经(即佛教典籍总汇)。宋代刻有成都《开宝藏》、福州《崇宁万寿藏》、《毗卢藏》、湖州《思溪藏》等。辽代刻有《契丹藏》。金代刻有山西《赵城藏》。元代刻有杭州《普宁藏》、北京《弘法藏》。明代刻有《南藏》、《北藏》、《武林藏》等。清代刻有《龙藏》。日本大正十三年(1924)到昭和九年(1934)由佛教学者高楠顺次郎、渡边海旭、小野玄妙等人组织编辑出版的《大正藏》,收佛典3360部,13520卷,为近、现代国际佛学界常用的汉文藏经版本之一。我国自80年代以来,大藏经出版事业进入了近代以来最为活跃、最富建设性的时期,校勘、整理、出版了汉、藏文大藏经多种,包括《中华大藏经》(简称《中华藏》,是我国目前正在编辑出版的最新的大藏经,由汉文、藏文两大部分组成,完成后将成为有史以来收集最为丰富、经籍数量最多的大藏经)、《敦煌大藏经》、《房山石经》、《乾隆版大藏经》、《丹珠尔》、《南传大藏经》等。它们的出版,标志着我国佛教文化事业正进入一个健康发展的新时期。

【经文】

如是我闻①:

一时②,佛在舍卫国③祇树给孤独园④,与大比丘僧⑤

千二百五十人俱⑥,皆是大阿罗汉⑦,众所知识:长老⑧舍利弗⑨、摩诃目犍连⑩、摩诃迦叶⑪、摩诃迦旃延⑫、摩诃拘絺罗⑬、离婆多⑭、周利槃陀迦⑮、难陀⑯、阿难陀⑰、罗睺罗⑱、憍梵波提⑲、宾头卢颇罗堕⑳、迦留陀夷㉑、摩诃劫宾那㉒、薄拘罗㉓、阿㝹楼驮㉔,如是等诸大弟子。并诸菩萨摩诃萨㉕:文殊师利法王子㉖、阿逸多菩萨㉗、乾陀诃提菩萨㉘、常精进菩萨㉙,与如是等诸大菩萨。及释提桓因㉚等无量诸天㉛大众㉜俱。

【注释】

① 如是我闻:佛经开卷语。"如是"指经中佛语。这里指佛说的阿弥陀经。"我闻"指说经者自言其亲耳所闻。"如是我闻"意即"我是这样听说的"。相传释迦逝世后,佛弟子结集经、律,由阿难诵经,诸经开头都有此四字。古印度佛经原无写本,全凭师徒口耳相传,此为开场白,后有写本仍然沿用,以取信于众。《法华文句》卷一上:"如是者,举所闻之法体;我闻者,能持之人也。""能持之人"即"我",具体指释迦牟尼佛的堂弟、十大弟子之一的阿难,据传此人长于记忆,被称为"多闻第一",守护佛法,传说佛教第一次结集,由他诵出经藏。

② 一时:有这么一个时候,在那一时候。

③ 舍卫国:梵语音译,亦译"室罗伐""罗伐悉底",意译"闻者""闻物""丰德""好道"等。古印度一国名,在今印度西北部拉普地河南岸。"舍卫"本是憍萨罗国首都名,为区别于南部另一憍萨罗国,乃以城名代替国名,据说,该国有五谷、

财宝之丰，人民有多闻解脱之德，故名。国中有最早的佛教寺院——祇园精舍，遗址今天尚存。据载，释迦牟尼成佛后在此居住25年。唐时，我国高僧唐玄奘曾到此处，然已"都城荒颓，疆场无纪""伽蓝数百，圮坏良多"。(《大唐西域记》卷六）

④祇树给孤独园：印度佛教圣地，最早的佛教寺院之一。亦译"胜林给孤独园"，简称"祇园"、"祇园精舍"。其地约在今天印度的塞特马赫特。"祇树"指古印度波斯匿王太子祇陀（又译"逝多"）之树；"给孤独园"指给孤独长者之园。据传古印度舍卫国有一位有财、有德、有学问的人，名须达多，他平生乐善好施，常以财物周济穷苦无依之人，故得善名"给孤独长者"。给孤独长者本奉外道，并不事佛，因偶在删檀那长者处闻佛说法，顿觉心开意解，善根发现，证得初果，故而请佛光临舍卫国，并欲为佛购置太子祇陀之园。太子开玩笑道，若将黄金布满园地，就售给你。给孤独长者便回家运金，以金铺地。太子深受感动，也想有所功德，便称园中树木根部黄金未能铺上，所以园卖而树属己，他以树献佛，园林因而改称祇树给孤独园。以后园中又建立了房舍殿宇，简称祇园精舍。后来佛教便将波斯匿王、祇陀太子、须达多长者三人奉为守护寺庙的伽蓝神。

⑤大比丘僧：由大和尚们组成的僧团。"大"形容道行很高。"比丘"，梵文音译，又译"苾刍"、"备刍"、"比呼"等，意译"乞士"、"乞士男"、"薰士"等，指出家后受过具足戒的男性僧人，俗称和尚，比丘尼指出家后受过具足戒的女性僧人，俗称尼姑。"僧"，"僧伽"之略，亦译"僧法""僧加""僧企耶"等；意译"合"、"众"、"和合众""和合僧""法众"。意为"僧团"，一般需四人以上。据《南山钞》，构成僧伽有两

个条件：一为"理和"，指皆遵循佛教教义，以涅槃解脱为目的；二为"事和"，表现在六个方面，它们是戒和同修、见和同解、身和同住、利和同均、口和无诤、意和同悦。一般所说的僧伽有比丘僧伽和比丘尼僧伽两种，合称"二部众"、"二众"。此外还有比丘、比丘尼、沙弥、沙弥尼四僧伽，合称"出家四众"。广义上也包括在家男女居士的称"七众"、"七僧伽"。

沙弥，梵文音译，亦译"室罗摩拏洛伽"，意译"息慈"、"息恶"、"行慈"、"勤策男"等。佛教称谓。指7岁以上20岁以下受过十戒的出家男子。分三种：7—13岁为"驱乌沙弥"（可驱逐放置食物处的乌鸦）；14—19岁为"应法沙弥"（已适应出家生活）；20岁以后尚未受具足戒而成比丘，却仍持沙弥身份者为"名字沙弥"。中国内地俗称沙弥为"小和尚"。沙弥还有一别名叫"救蚁"，据《杂宝藏经》载：过去有一罗汉，知其随侍沙弥7日后阳寿必尽，即假命其回家，7日后归。沙弥归途中见许多蚂蚁被水冲流，命不可保，遂生慈悲之心，脱袈裟以之盛土堰水，并将蚂蚁移至高处干燥的地方，蚂蚁得救。7日后，沙弥遵师言回到罗汉处，罗汉很惊诧，以天眼观察，方知其徒因救蚂蚁而延命。

沙弥尼，梵文音译，亦译"室罗摩拏理伽"，意译"勤策女"，指7—20岁受过十戒的出家女子。比丘尼戒指不杀生、不盗窃、不两舌恶言、不淫欲、不持香华自熏饰衣被履缕、不坐金银高床绮绣饰被宝绲绽、不听歌舞音乐声、不积聚珍宝、食不失时、不饮酒。年满20岁的沙弥尼在受具足戒前二年要受六法，这一阶段称"式叉摩那尼"（梵文音译），意即"学戒女"、"学法女"、"正学女"。这样出家女性就有比丘尼、式叉摩那尼、沙弥尼三个等级。所以"出家四众"通常亦称"出家五众"。

所谓"具足戒",别称"大戒",为佛教比丘和比丘尼戒律,比丘戒250条、比丘尼戒348条。佛教认为这些戒律与沙弥、沙弥尼所受十戒相比,戒品具足,故称"具足戒"。"具足"有"圆满"意。

在家信教的男士(梵音读"优婆塞",意译"清信士"、"近事男"、"近善男")称在家男居士,在家信教的女士(梵音读"优婆夷",意译"清信女"、"近事女"、"近善女"、"近宿女"、"信女")称在家女居士。佛教对他们最基本的要求是受持"三皈戒"——皈依佛、皈依法、皈依僧。如果进而再从法师受五戒,就成为"五戒优婆塞"、"五戒优婆夷",受菩萨戒的就成为"菩萨戒优婆塞"、"菩萨戒优婆夷"。

⑥俱:在一处。

⑦阿罗汉:梵文音译,亦译"阿罗诃",略称"罗汉"。意译"杀贼"、"应供"、"无生"、"不生"。小乘佛教修行的最高果位,称阿罗汉果。阿罗汉果具体有三个方面的意义:1.杀贼。小乘以烦恼为贼,因为烦恼会妨害善法。罗汉能断除贪、瞋、痴等烦恼,犹如杀贼。2.应供。罗汉为民造福,应该受到供奉。3.不生。罗汉已永入涅槃,不再受生死轮回的果报。得阿罗汉果者,就可获得自我解脱,佛教小乘以此为追求的最终目的。大乘则认为修得此果位固然可喜可贺,但不应满足于此,主张继续修行,成就菩萨果位,普渡众生。

佛教中罗汉很多,但广为我国百姓熟知的有"十六罗汉"、"十八罗汉"和"五百罗汉"。"十六罗汉"相传是释迦牟尼的弟子,佛陀去世之前嘱咐他们要在佛涅槃后守护佛法,常住人间,渡脱众生,直到未来佛弥勒出世之后才能离开。这十六罗汉是:

宾度罗跋啰惰阇尊者、迦诺迦伐蹉尊者、伽诺伽跋厘惰阇尊者、苏频陀尊者、诺距罗尊者、跋陀罗尊者、迦哩伽尊者、伐阇罗弗多罗尊者、戍博伽尊者、半托伽尊者、啰怙罗尊者、那伽犀那尊者、因揭陀尊者、伐那婆斯尊者、阿氏多尊者、注荼半托迦尊者。宋元后，罗汉由十六变十八，增加的两名有多种说法，一说是《法住记》的作者庆友和玄奘法师；一说是增达摩多罗和布袋和尚。关于五百罗汉，佛经上说法不一，原因据说是这五百罗汉多次转生，故形象、名号各异。一种说法以参加第一次结集和第四次结集的五百比尼为五百罗汉；另一种说法认为常随释迦佛听法传道的五百弟子是五百罗汉；还有一种说法，载于《法苑珠林》，此经言，过去九十一劫有一学识广博的婆罗门，教有五百豪族弟子，这五百豪族弟子即以后的五百罗汉。此外，还有五百贾客成为五百罗汉的传说。最离奇的还属《西域记》所载五百蝙蝠为五百罗汉的故事。

⑧长老：佛教称谓。含义有二，一为对腊（即"法腊"，指出家年岁）长德高僧人之尊称；二为对住持的尊称。住持（意为"久住护持"），亦称主僧（主持寺院事务之僧），方丈（意取维摩诘所居，虽室方一丈，却能广容大众），一般由德高望重的长老担任。他们要么为腊高耆宿之僧——耆年长老，要么为通达佛法、智德圆满之僧——法长老，要么二者兼而有之。当然也有徒有虚名者。住持身边有六位侍者，他们是巾瓶侍者、应客侍者、书录侍者、衣钵侍者、茶饭侍者、干办侍者，皆经严格挑选、具备办事干练、严守秘密、为法忘躯等条件。

⑨舍利弗："舍利弗多罗"的略称，旧译"奢利弗"、"富多罗"、"奢利补担罗"等，意译"鹙露子"、"秋露子"等。古印度摩揭陀国王舍城人，系婆罗门出身，释迦牟尼的"十大弟子"

之一。协助释迦牟尼领导徒众,是佛教创建之初的功臣,因持戒多闻、敏捷智慧、善讲佛法而称"智慧第一"。

⑩摩诃目犍连:亦称目犍连,目连,据传在佛弟子中神通最大,故称"神通第一",能飞上兜率天,后被反佛教的婆罗门杖击致死。《盂兰盆经》中所载其救母之事在我国广为流传。"盂兰盆",梵文音译,意为"救倒悬"。据经载,目连看到死去的母亲在地狱受苦,如处倒悬,求佛救度。佛言因其母罪业深重,一人之力无以救赎,让目连在七月十五日众僧结夏安居修行结束之日,备百味饮食供养十方众僧,求他们的神威道力救助其母。目连照办,果然母亲得救。这一故事中所含孝敬双亲的思想很为中国佛教徒认同,南朝梁武帝始设盂兰盆会,施斋供僧,很快在"孝为先"的汉地风行,并渐发展为祭鬼、追祭祖先亡灵的法会,届时,还有放河灯、焚法船之类的活动。

⑪摩诃迦叶:佛弟子之一。专心苦修。佛哀怜其年长,劝其休息,但他仍苦修不已,故有"头陀第一"之称。"头陀",梵文音译,又译"杜多"、"杜荼",意为"抖擞",即去掉尘垢烦恼之义。佛教苦行之一。相传释迦牟尼去世后三四个月,是他主持召开佛教的第一次结集,汇编陀遗教,这可说是佛教史上的创举,对佛教的传播、发展有重要意义。

⑫摩诃迦旃延:佛弟子之一。为古印度阿槃提国婆罗门之子,原出家学外道,后从释迦牟尼学佛法。因长于分辩诸经、讲解法相,令听者心服口服,而有"论议第一"之称。

⑬摩诃拘絺罗:佛弟子之一,因具有问必答的好口才而被称作"答问第一"。

⑭离婆多:佛弟子之一。其心"正""定",无颠倒散乱之念,称"无倒乱第一"。

⑮ 周利槃陀迦：佛弟子之一。据传他很迟钝，只知读佛教的两句偈，并思索这二句偈所含义理，竟因而明白了一切佛法。所以称之为"义持第一"。

⑯ 难陀：佛胞弟、弟子。相貌好且注重礼节，有"仪容第一"之称。

⑰ 阿难陀：又称"阿难"，梵文音译，意译"欢喜"、"庆喜"等。佛堂弟（为佛叔父斛饭王之子），侍从释迦佛25年，为"十大弟子"之一。因长于记忆被称"多闻第一"。传说佛教第一次结集时，由他诵出释迦佛在世时所言之法，集为经藏。

⑱ 罗睺罗："睺"音hóu。罗睺罗为梵文音译，亦译"罗护罗"、"罗怙罗"，意译"覆障"、"障月"、"执月"，也称"罗云"。据《佛本行集经·罗睺罗因缘品》、《翻译名义集》卷一载，为释迦佛在俗时之子，母为耶输陀罗，释迦成道归乡时跟随出家做沙弥，后成为"十大弟子"之一。据传他"不毁禁戒、诵读不懈"，其功行除佛之外无人知晓，称"密行第一"。

⑲ 憍梵波提：佛弟子之一。据传因其从前曾嘲笑出家人，故而历经劫数，堕落在畜生道里头做牛，后虽报应满而成人，然吃相仍如牛，有反嚼之举，佛恐人见嘲笑，让他久居天上，受天上人的供养，称为"受天供养第一"。

⑳ 宾头卢颇罗堕：佛弟子之一。受佛吩咐久居世界，受着末法时代（佛圆寂后的第三个时代，据称有万年之久）的供养，故有"福田第一"之称。"福田"是一种比喻，是说修了功德，就有福报，如同有耕耘就有收获。

㉑ 迦留陀夷：佛弟子之一。受佛命常去教化他人，称"教化第一"。

㉒ 摩诃劫宾那：佛弟子之一。因通晓天文而称"知星宿

第一"。

㉓薄拘罗：佛弟子之一。因固守不杀生戒和周济有病的出家人而世世做人，长寿不衰，故称"寿命第一"。

㉔阿甊楼驮：佛堂弟，弟子之一。本目盲，因佛教其修一种定心之法而有比别人的天眼更特别的天眼通，故称"天眼第一"。"天眼通"、"六通"之首，意谓无论昼夜、远近、黑明，都可看得清清楚楚。

㉕菩萨摩诃萨：即"大菩萨"，梵语，全称应为"摩诃菩提萨埵"。"摩诃"意为"大"，"菩提"，意"觉悟"，"萨埵"即众生。"菩提萨埵"简称"菩萨"，即使众生觉悟者。"菩萨"本为释迦牟尼修行尚未成佛时的称号，后广泛用作对大乘思想的实行者的称呼。据佛教称，菩萨有五智：1.通达智。能通达觉梦诸法。2.随念智。能忆持过去的事情而不忘记。3.安立智。能建立正行并修习其他。4.和合智。能观一切法随缘和合。5.如意智。能随意之所欲而无不满足。菩萨虽然神通广大，但毕竟只具备"自觉"、"觉他"，尚缺"觉行圆满"，因此在佛界居第二等级，属第二果位。

佛教修行的最高果位是佛。成佛的途径有四种：1.信满成佛——坚信诸法不生不灭、清净平等、无可愿求。2.解满成佛——深刻理解法性无造无作，不起生死之想，不起涅槃之想，心无所怖，亦无所欣。3.行满成佛——能除一切无明法障，菩提之愿行都能具足。4.证满成佛——得无分别的寂静法智及不可思议胜妙的功德。

释迦牟尼佛下有四大菩萨，一个是驾狮子站在释迦牟尼佛左面的文殊，一个是乘白象站在释迦牟尼佛右面的普贤，一个是阿弥陀佛的大弟子观音（也有说观音就是阿弥陀佛的化身），还一个是活跃于释迦牟尼佛已圆寂、弥勒佛未生之时的地藏。这四位大菩萨各侍其职，分管智、行、悲、愿。"智"的主持者是文殊菩萨。"行"的主持者是普贤菩萨。普贤，梵文意译，亦译"徧吉"，音译"三曼多跋陀罗"。所谓"行"意即行证相应，普贤为一切行德之本体，所以在华严之席说十大愿；同时他又是诸法实相之理体，所以在法华之席，誓于法华三昧之道场自现其身。相传其显灵说法的道场在四川峨眉山。"悲"的主持者是我国百姓妇孺皆知的观世音菩萨。《大乘义章》载："爱怜名慈，恻怆曰悲。""悲"即恻怆他人之苦而欲救济之心。"观世音"是梵文"阿缚卢枳涅伐逻"的意译，唐时因避太宗李世民讳而略称"观音"，玄奘法师在《心经》的翻译里称之为"观自在"。"观世音"的别号还有"光世音"、"救世净圣"、"救世圆满"、"救世菩萨"等。《法华经》解释"观世音"道："苦恼众生，一心称名菩萨。即时观其声音，皆得解脱，以是名'观世音'"。即能普遍观察世界上的一切声音。所以信佛之人遇到难以解决的困难或危险，口中就有念念有词"观音菩萨保佑"。据称，观世音菩萨为广化众生经常根据情况显现各种形象，其化身特别多，对此各派说法不一：真言宗主有"八大观音"——圆满意愿明王菩萨、白衣自在、髻罗刹女、四面观音、马头罗刹、毗俱胝、大势至、陀罗观音。天台宗立有"六大观音"——大悲观音、大慈观音、师子无畏观音、大光普照观音、天人丈夫观音、大梵深远观音。《法华经·普门品》中还记载观音有"三十三应化身"。据说，观音初为男性，大约唐时才慢慢演化为慈爱、典雅、俊秀飘逸的女性形象。实际上，佛史对观音的性别及生平已无从考稽。观音除了以上的形象、名号外，还被称作"千手观音"或"千手千眼观世音"、"千眼千臂观世

"千手观音"法相庄严、妙色超三界,具金色晖曜,头戴发髻冠,自冠下垂绀发,住莲花台,放大光明。除两眼两手外,左右各有20只手,手中各有一只慈眼,再各配25种众生生存环境,计千手千眼。千手千眼观音像,最主要特征是42臂,如手下伸,掌向上,叫施无畏手,除一切众生之恐怖、畏惧;除锡杖手,慈悲维护一切众生;合掌生,令一切人和鬼神敬爱,等等。不管观世音菩萨能变化多少形象,最能深入信徒心灵深处的还是其大慈大悲的菩萨行、救苦救难的菩萨行,所以菩萨之中,观音像前香火最盛。"愿"的主持者是地藏菩萨。"愿"详解见第35页。"地藏"是梵文"乞叉底蘖婆"的意译,《地藏十轮经》谓其"安忍不动犹如大地,静虑深密犹如地藏",故名。据说他受释迦牟尼佛嘱咐,在释迦已灭、弥勒未生之前,自誓必尽度六道众生,拯救诸苦,始愿成佛。为此地藏发下大愿:孝敬和超荐父母;为众生担负一切艰难困苦;满足众生的生活需求;令大地五谷丰登、草木花果茂盛;祛除病痛;渡尽众生。《莲华三昧经》载有"六地藏":1.檀陀地藏——为地狱道之能化,手持人头幢者。2.宝珠地藏——为饿鬼道之能化,手持宝珠者。3.宝印地藏——为畜生道之能化,伸如意宝印手者。4.持地地藏——为修罗道之能化,能持大地拥护修罗者。5.除盖障地藏——为人道之能化,为人除八苦之盖障者。6.日光地藏——为天道之能化,照天人之五衰而除其苦恼者。也就是认为,"六道"中每道都有地藏的化身在那儿拯救众生。传说安徽九华山是地藏菩萨显灵之所,山上的"月(肉)身宝殿"即是地藏的成道处。

㉖文殊师利法王子:"文殊师利"梵文音译,亦译"满殊尸利"、"曼殊室利"。意译"妙德"、"妙吉祥"、"妙首"、"普首"、

"濡首"、"敬首"。"文殊"意"妙"、"师利"意"头"、"德"、"吉祥"。佛教菩萨名，略称"文殊"。是中国佛教四大菩萨之一，释迦牟尼的左胁侍，专司"智慧"，常与司"理"的右胁侍普贤菩萨并称。顶结五髻，手持宝剑，表示智慧锐利，塑像多骑狮子，表示智慧威猛。"法王子"为"如来法王之子"的简称。原则上，所有菩萨皆可说是如来法王之子，之所以独称文殊，是因为文殊菩萨智慧最高，位居大菩萨首位。

　　文殊虽称作菩萨，但在佛界地位极高。这不仅是因为其智慧居诸菩萨之首，还因为其为诸佛之师。据《放钵经》载"令我得佛，皆是文殊师利之恩也。过去无央数诸佛，皆是文殊师利弟子，当来者亦是其威神力所致。譬如世间小儿有父母，文殊者佛道中父母也"。《法华经·序言品》记载："往昔日月灯明佛未出家时有八子，闻父出家成道，皆随之出家。时有一菩萨，名妙光，佛因之说《法华经》。佛入灭后八子皆以妙光为师，妙光教化之，使次第成佛，其最后之佛名燃灯。其妙光即文殊也。"燃灯佛是释迦如来佛之时，而文殊居八代之首，如此推算，当为九代之祖了。之所以显现菩萨之果位，乃是为了协助释迦牟尼教化娑婆世界有情众生。《菩萨处胎经·文殊身变化品》说文殊"本为能仁师，今乃为弟子。佛道极广大，清净无增减。我欲现佛身，二尊不并立。"为了维护释迦如来佛至尊的地位，文殊才屈居胁侍之职，号称"法王子"。事实上，他三世皆成佛：过去世称作"龙种上佛"，又名"大身佛"、"神仙佛"；现在世号为"欢喜藏摩尼宝精佛"；未来世称为"普见佛"。传说山西五台山是文殊菩萨示现的地方，佛寺中到处供有文殊菩萨像。

　　㉗阿逸多菩萨：即弥勒菩萨、弥勒佛。据佛经载，原出

生于婆罗门家庭，后为佛弟子，先佛入灭，上生于兜率天内院（兜率天：佛教用语。六欲天之一。意译"妙足"、"知足"。兜率天内院是弥勒寄居于欲界的"净土"，也是释迦佛生母死后往生之处），经4000岁（据称相当于人间56.7亿岁）当下生人间，于华林园龙华树下成佛，广传佛法，故又称未来佛，其心最为慈悲（"弥勒"意即"慈氏"，其弟子称"慈子"）。传说弥勒佛的经典很多，主要有《弥勒下生经》、《弥勒来时经》、《弥勒下生成佛经》、《弥勒大成佛经》、《观弥勒菩萨上生兜率天经》、《弥勒问本愿经》。著名的"弥勒三尊"，中尊是弥勒佛、左尊是法华林菩萨、右尊是大妙相菩萨。他们法相庄严，接受教徒的顶礼膜拜。

我国家喻户晓的大肚弥勒佛，则为五代后梁和尚契此，因为口念"弥勒真弥勒，分身千百亿，时时示时人，时人自不识"的偈语而圆寂，加之他生前行动怪异，示人吉凶非常灵验，所以被人视为弥勒化身，塑其像作为弥勒佛供奉。

㉘ 乾陀诃提菩萨：佛教菩萨名。因其修行历经几千万万年，从不休息，故有"不休息菩萨"之称。

㉙ 常精进菩萨：佛教菩萨名。据《大宝积经》载：为劝化一有情众生，他不知耗费了多少年，仍不见效，但他毫无厌倦之心，仍旧苦口婆心，用种种方法教化他，故称"常精进菩萨"。

㉚ 释提桓因：佛教天王之一。据佛教称，地球上空总共有28层天，第一层天叫四天王天，在须弥山山腰的四周围。东天王——持国天王、南天王——增长天王、西天王——广目天王、北天王——多闻天王；第二层天叫忉利天，在须弥山顶上。这一层天的天王就是释提桓因，又称"帝释"，据说其原为一平常

女子，因目睹迦叶佛入涅槃而发大愿，要建塔供养迦叶佛。助其建塔的还有32个女子。凭此善业而做了忉利天王，其下属还有32天，各天天王即那32个女子。

㉛无量诸天："无量"意为多得数不胜数，"诸"即"许多"。佛教总共有28层天，前6层为四天王天、忉利天、夜摩天、兜率天、化乐天、他化自在天。加上人间四大部洲（南赡部洲、东胜神洲、西牛贺洲、北瞿卢洲）和地下的无间地狱，总称为欲界。"欲"包括淫欲和食欲两种，此界为有情者的住所。中间有18层天，佛教根据禅定的深浅粗妙，将之分为4级，即四禅天：1. 初禅三天——梵众天、梵辅天、大梵天。2. 二禅三天——无量光天、光音天。3. 三禅三天——少净天、无量少光天、净天、遍净天。4. 四禅九天——福生天、福受天、广果天、无想天、无烦天、无热天、善见天、善现天、色究竟天。总称色界，"色"为变碍或示现义，相当于物质的概念，但并非全指物质现象。佛教认为，色界之人只有人的形体即身体而无欲，为已离食、淫二欲的众生所居住。最后四层天为空无边处天、识无边处天、无所有处天、非想非非想处天。总称无色界，所以此四天又称四无色，位居色界之上，为无形色众生所居。此界无宫殿国土、众生无身体，惟以心识住于深妙之禅定。

欲界、色界、无色界，就是佛教中常说的"三界"。此三界皆处在生死轮回的过程中，是有情众生存在的三种境界，所以又称此为"迷界"，认为从中解脱达到"涅槃"，才是最高理想。事实上，它是佛教根据自己的善恶报应理论和禅定修习勾画出来的。据称，修"四静虑"（即"四禅天"）者死后可生色界；反之，不进行这种禅定修习或达不到一定程度，死后生欲界；修"四无色定"者死后生无色界。此外，"三界"也为萨满教基本观念之一。萨满教将宇宙世界分为上、中、下三界（三层）。各族说法略有不同：如赫哲族萨满教认为"上界"为天堂，是神灵所居，它又被分为7层，最高神主（造物主）居于最上层，其他神居于以下诸层；"中界"即人间，是人类所居，"下界"为地狱，是恶魔所居。魔鬼是人世罪人的执罚者。蒙古族萨满教则认为上层世界是圣洁仁慈的神灵世界，中层世界为人类和动物的居地，下层世界是死神和魔鬼聚集的世界，即地狱，常散布疾疫灾难于人间。认为，上层世界为拯救中层世界常与下层世界作战。而在中层世界和下层世界之间还有一个不可认识的世界，人死后即去此界。

以上"三界"28层天中，每层天又有许多子天，如忉利天四面就有32子天。故有"无量诸天"之说。

㉜ 大众：指世上各种人、龙王等。

【白话】

我亲耳听佛这样说：

那时，佛住在舍卫国的祇树给孤独园中。和佛在一起的有道高德重的大和尚1250人，他们都是大家所熟知的大阿罗汉、佛的大弟子，如长老号称"智慧第一"的舍利弗、"神通第一"的摩诃目犍连、"头陀第一"的摩诃迦叶、"论议第一"的摩诃迦旃延、"答问第一"的摩诃拘绨罗、"无倒乱第一"的离婆多、"义持第一"的周利槃陀迦、"仪容第一"的难陀、"多闻第一"的阿难陀、"密行第一"的罗睺罗、"受天供养第一"的憍梵波提、"福田第一"的宾头卢颇罗堕、"教化第一"的迦留陀夷、"知星宿第一"的摩诃劫宾那、"寿命第一"的薄拘罗、"天眼第一"的阿㝹楼驮，等等。还有文殊师利、阿逸多、乾陀诃提、常精进等许多这样的大菩萨。此处还有释提桓因等数不胜数的天王，以及世上的各种人、龙王等，他们共处一园，围坐佛四围，听佛说法。

【说明】

一、佛经一般分序分、正宗分、流通分三部分。其中序分又分通序和别序，通序即诸经皆应具备的内容，一般包括"如是"、"我闻"，以及说法的时间、法主、处所、听众等六种要素，佛教称其为"六成就"。这节经文就是《阿弥陀经》序分中的通序部分，它交待了佛经的"六成就"："如是"为"信成就"，指阿难之信；"我闻"为"闻成就"，指阿难所闻；"一时"为"时成就"，指说此阿弥陀经的时间；"佛"为"主成就"，指说法之主；"在舍卫国祇树给孤独园"为"处成就"，指说法的地点；"与大比丘众千二百五十人俱……无量诸天大众俱"为"众成就"，指听法之众。因佛初说经时本无此序，后来弟子集结佛语时才加上的，故也称"通序"为"经后序"，有此才能证明经文的真实可信，故又称此序为"证信序"，据传说此节经文格式系承佛遗教，所以此序也有"遗教序"之称。

佛教界一般认为，此节经文含有四种意义：其一为"遵佛嘱"，即遵从佛临入涅槃时关于经首格式的嘱咐。其二为"断众疑"，因为，在结集经藏时，阿难高升法座，众生颇感其貌如佛，遂起三疑：一疑佛重起说法，二疑他方佛来，三疑阿难成佛。为断此疑，阿难开口便言"如是我闻"等语，以示其承佛加被，而非是佛。其三是"息诤论"，是说阿难与众弟子德业相当，他要升座宣说佛法，若不推从于佛，恐会引起不服或争论。有了这段文字便明确指出了所宣之教法乃亲闻于佛而非自作。

其四为"异外教"，即区别于外道经初用语，成为佛经特有的统一格式。

二、佛教认为，若要往生西方极乐世界，需有"信"、"愿"、"行"三种心。"信"，相信、信心；"愿"，情愿、心愿；"行"，修行。不具备大智慧的人，不能真正理解佛理，不能理解，就谈不上相信，更无法发起真实的信心。无大慈悲心的人，就不能发普渡众生的心愿，同阿弥陀佛的大心愿相违逆，而不能往生净土。有了"信"和"愿"，还要切切实实的心中有佛、口中念佛，日日念、时时念。所以在诸多菩萨中，佛专门提到这四位，是为了给大家树立个榜样，要大家学那文殊菩萨的真智慧，发起信心来；学那弥勒菩萨的大慈大悲，发起愿心来；再学那不休息、常精进二位菩萨修行的精神，一心一意念佛，这样才会成功。

三、由于本经中多次提到"愿"，视之为能否往生净土之起点和关键，所以有必要对之作一详细说明。所谓"愿"为梵文"尼底"的意译，意即志求满足。据《法界次第》解："自制其心，名之曰'誓'；志求满足，故云'愿'也"。《法窟》云："于出世道悕求为'愿'，亦是期心为'愿'"。故佛教中将佛愿救众生之心和众生愿成佛之心称作"愿心"。

"愿"又分"总愿"、"别愿"。所谓"总愿"，是指某一教派立下的宏愿。如显教立下的"四弘誓"、密教立下的"五大愿"等。所谓"别愿"，是指某尊佛或某尊菩萨立下的誓愿。如观音菩萨立下的六愿和十愿，普贤菩萨立下的十愿、阿弥陀佛立下的四十八愿，释迦牟尼佛立下的五百愿等。佛和菩萨的愿事，深广如海，又称"愿海"。阿弥陀佛的四十八愿为：1. 无三恶趣愿。2. 不更恶趣愿。3. 悉皆金色愿。4. 无有好丑愿。5. 宿命智通愿。6.天眼智通愿。7.天耳智通愿。8.他心智通愿。9.神境智通愿。10.速得漏尽愿。11.住正定聚愿。12.光明无量愿。13.寿命无量愿。14.声闻无数愿。15.眷属长寿愿。16.无诸不善愿。17.诸佛称扬愿。18.念佛往生愿。19.来迎引接愿。20.系念定生愿。21.三十二相愿。22.必至补处愿。23.供养诸佛愿。24.供具如意愿。25.说一切智愿。26.那罗延身愿。27.所须严净愿。28.见道场树愿。29.得辩才智愿。30.智辩无穷愿。31.国土清净愿。32.国土严饰愿。33.触光柔软愿。34.闻名得忍愿。35.女人往生愿。36.常修梵行愿。37.人天致敬愿。38.衣服随念愿。39.受乐无染愿。40.见诸佛土愿。41.诸根具足愿。42.住定供佛愿。43.生尊贵家愿。44.具足德本愿。45.住定见佛愿。46.随意闻法愿。47.得不退转愿。48.得三法忍愿。这些愿望归根到底是要渡有情众生于彼岸，脱离苦海，永享快乐，故被比做"愿船"。正如《迦才净土论》载："阿弥陀佛与观世音、大势至，乘大愿船，浮生死海，就此娑婆世界，呼唤众生，令上大愿船。"

一般的信徒，有什么誓愿，只需向僧人说明，在作法事时，僧人即将施主的愿意向佛表述，称作"愿文"。

四、释迦牟尼佛一生门徒甚众，相传有1200余人。其中最著名的有10位，号称十大弟子，他们是："智慧第一"的舍利弗、"神通第一"的目犍连、"头陀第一"的摩诃迦叶、"天眼第一"的阿尼律陀、"解空第一"的须菩提、"说法第一"的富楼那、"论义第一"的迦旃延、"持律第一"的优婆离、"密行第一"的罗睺罗、"多闻第一"的阿难陀。前面已提及舍利弗、目犍连、摩诃迦叶、摩诃迦旃延、罗睺罗、阿难陀6位大弟子，这里，对其他四位做一说明："天眼第一"的阿尼律陀，是释迦牟尼叔父甘露饭王的儿子，释迦回乡时跟从出家，因于释迦前坐睡受责，后立誓不眠，得"天眼"，能见天上地下六道众生。"解空第一"的须菩提，属婆罗门种姓，以论证"诸法性空"著称。"说法第一"的富楼那，系国师婆罗门之子，与30位朋友一起出家修苦行。释迦成道后，他前往皈依，善于分别义理，广说佛法，以辩才著称。"持律第一"的优婆离，属于首陀罗种姓，原本是释迦王宫的理发师，后随释迦出家，以严守戒律著称，传说佛教第一次结集时，由他诵出僧团戒律，名为《八十诵律》。

释迦牟尼的十大弟子，各有自己的特长，而又皆备"十德"，如《天台净名疏》载："今十子各执一法者，人以类聚，物以群分。随其乐欲各一法门，摄为眷属，虽各掌一法，何曾不具十德？有偏长，故称'第一'。"

【经文】

尔时，①佛告长老舍利弗：

从是②西方，过十万亿③佛土④，有世界，名曰极乐。其上有佛，号阿弥陀，今现在说法。

【注释】

①尔时：此时，这时。这里指佛说法之时。

②是：指我们居住的世界。佛教称我们居住、生活的这个世界为"娑婆世界"。"娑婆"梵文音译，亦译"索诃"、"娑诃"、"奈诃"等；意译"堪忍"，故又称"堪忍世界"。指释迦牟尼进行教化的世界，也就是我们常说的现实世界。佛教之所以称之为"娑婆世界"，原因有二：一是认为此世界充满了不

堪忍受的苦难，众生罪孽深重。二是认为佛、菩萨在这个世界"堪忍"劳累，进行教化，表明其"无畏"和"慈悲"。"娑婆世界"在须弥山四方咸海之中，由东、南、西、北四大部洲组成，东边称东胜神洲，又叫弗娑提；南边称南瞻部洲，又叫阎浮提；西边称西牛贺洲，又叫瞿陀尼；北边称北瞿卢洲，又叫郁单越。

③亿：佛教中"亿"有十万、百万、千万、万万四种说法。据灵峰藕益大师的《弥陀要解》注，此处"亿"为一千万。

④佛土：即佛所住、所教的世界。佛教认为，一个佛土是一个三千大千世界，简称大千世界。据《长阿含经》卷十八载：以须弥山为中心，以铁围山为外郭，同一日月所照的四天下为一个"小世界"，一千"小世界"为一"小千世界"。一千"小千世界"为一"中千世界"，一千"中千世界"为一"大千世界"，因"大千世界"有小、中、大三种"千世界"，故有三千大千世界之说。

【白话】

这时，佛对长老舍利弗及在座的其他人说：从我们居住的这个世界，一直往西，过一万万个大千世界，有个叫极乐的地方，这个地方有尊阿弥陀佛，现在正在说法。

【说明】

一、此节经文为《阿弥陀经》序分中的别序部分。"别序"是相对序分中的第一部分"通序"而言的。意谓：此中所叙内容虽为序而有别于其他经，佛教称这一部分为"发起序"。以我们今天的行文习惯看，此段经文属正文之前的铺垫。它交代了事件发生前的具体情况，在全经中地位十分重要。

二、"佛告长老舍利弗"，不是佛只讲给舍利弗一人听之意。此句有以下几层含义：一是舍利弗在佛弟子中以持戒多闻、敏捷智慧、善讲佛法而有"智慧第一"之美誉，对于佛理较其他人更易明白，所以佛直呼其名。二是其他长老、菩萨、诸天王等看到舍利弗这样大智慧的人对佛理都毫无疑惑、心领神会，故而也就深信无疑了。三是佛希望在座的诸位以舍利弗为榜样，以其智慧理解佛法，从而发起信心、愿心来，以佛法行事、修持，引导众生往生净土。

三、西方极乐世界为本经力劝众生发愿往生之地。据慈恩大师言，此地有胜事10种：1.化生所居。2.所化命长。3.国非界系。4.净方无欲。5.女人不居。6.修行不退。7.净方非秽。8.国土庄严。9.念佛摄情。10.十念往生。这真可谓是极乐世界，清净国土。所以不仅普通僧徒一心求往，就连诸多大菩萨也以往生此地为生平大愿。据传普贤菩萨在为善财童子说一切菩萨总愿之十大愿时，言"愿我临欲命终时，面见彼阿弥陀佛等"。

佛教之所以将净土选择在西方，而不是东、南、北三方，可能是认为东方日出为万物之发生，西方日没为万物之终归，故以西方作为众生涅槃的大归处。

【经文】

舍利弗，彼土何故名为极乐？其国①众生②，无有众苦③，但④受诸乐⑤，故名极乐。

又舍利弗，极乐国土，七重栏楯⑥，七重罗网⑦，七重行树⑧，皆是四宝⑨周匝⑩围绕，是故彼国名为极乐。

【注释】

①国：即佛教的一个大千世界。这里具体指西方极乐世界。在这部《阿弥陀经》中，除开头舍卫国的"国"字外，其余"国"字皆指一个大千世界。佛教宣称，世上有许多大千世界，每一大千世界就是一个王国，各王国都有一尊佛来教化众生，这尊佛就是教主。阿弥陀佛是教化西方极乐世界一切众生的，故是那儿的教主。释迦牟尼佛是教化我们这个娑婆世界里的一切众生的，是我们这个世界的教主。

②众生：一般指佛以外的任何人，分菩萨、缘觉、声闻、天道、人道、阿修罗道、畜生道、饿鬼道、地狱道九等。佛教认为，世界一切皆苦，人生无事不苦，可谓苦海无边。苦的原因是人自身的"业"、"惑"，"业"意为造作，泛指一切身心活动，人的一思、一言、一行皆是作业；"惑"指一切烦恼。"业"是致苦的正因，"惑"是致苦的助因，即"助缘"，认为由于人们认识上的愚痴无知，从而产生贪欲，贪欲导致行动，这就是造业（即"作业"），作业好比播种，必然生根、开花、结果。作业有善、恶，果报也随之不同，但无论果报如何，都必须重新进入新的生命过程以便领受，即进入生死轮回，这样人们仍然摆脱不了苦。为了摆脱苦，佛教主张修行，但由于人的悟性、品德、忍性等各方面不同，修行也有高低之分：一、修布施（分两种，法施，即以佛法劝化人；财施，以财物周济人）、持戒（守住佛之禁戒，不造各种恶业）、忍辱（忍耐一切苦痛、冤屈）、精进（立志行善止恶）、禅定（不以杂念扰心，惟有佛法在心中）、智慧这六度万行的就是菩萨。二、修十二因缘的，就是缘觉（觉悟了十二种因缘），又叫辟支佛。十二因缘是佛教的基本理论，认为世上的一切都是因缘而生，都处于因

果联系之中，不存在什么永恒的东西，一切都转瞬即逝。十二因缘又称"十二支"，包括无明、行、识、名色、六处、触、受、爱、取、有、生、老死。无明——烦恼心、惑乱心、无知；行——前生由于无明而造成善恶诸业，为"无明缘行"；识——由前生所造种种善恶诸业汇集为托胎投生的生命主体，为"行缘识"；名色——有了胎儿的生命主体，也就有了精神和肉体，为"识缘名色"；六处——有了精神、肉体，也就有了眼、耳、鼻、舌、身、意六种感官，为"名色缘六处"；触——婴儿出生后与外在的对象接触，从而发生感触或认识，为"六处缘触"；受——由接触外境引起苦、乐、爱、憎等感受，为"触缘受"；爱——由苦、乐、爱、憎等感受而产生的对事物的贪求和欲望，为"受缘爱"；取——既有对外物的贪欲，便会在行动中表现出对外物的索取或占有，为"爱缘取"；有——在行动上有所索取就是作业，从而种下了来生果报之因，这就是"有"，为"取缘有"；生——既有今生之业的存在。必然导致来世之再生，为"有缘生"；老死——既有来世之生，必将老病而死。从而进入新的轮回。三、修四谛的就是声闻。四谛为佛教基本教义，它们是苦谛（是佛教对社会人生及自然环境所作的价值判断，认为世间一切皆苦）、集谛（造成痛苦的原因、根据）、灭谛（指在明白集谛道理的基础上，灭绝世俗诸苦得以产生的原因，进入解脱的无苦境界——涅槃）、槃道谛（指超脱"苦""集"的世间因果关系而达到出世间之涅槃境界的一切理论说教和修习方法）。"谛"意为"真理"。声闻意即听闻佛陀言教的觉悟者，分须陀洹、斯陀含、阿那含、阿罗汉四果位。须陀洹，意译"入流"，指刚刚明白真正的道理，可进入圣人类；斯陀含，意译"一来"，言此果位之人死后升天做一世天上之人，再来人间做一世俗人，方可摆脱生死轮回之苦；阿那含，意译"不来"，指死后升天不再生到人间；阿罗汉，意译"无生"，指断灭一切烦恼，无生死，是声闻中最高果位。由于缘觉和声闻只顾自己修行，追求个人的自我解脱，所以被以普渡众生、引导众生脱离苦海为己任的大乘贬为小乘。四、修十善业者，就生在天道、人道、阿修罗道；犯十恶业者，就生在畜生道、饿鬼道、地狱道。十业指身三业（杀业、盗业、淫业）、口四业（妄言、两舌——搬弄是非、恶口、绮语——轻薄话）、意三业（贪、瞋、痴），戒之为十善业，犯之为十恶业。修上品十善业的，即生在天道，做天上的人；修中品十善业的，生在人道；修下品十善业的，生在阿修罗道，阿修罗，意译"不端正"、"非天"等，生在此道之人虽前世肯修福，但有嫉妒旁人之心。犯下品十恶业者，生在畜生道；犯中品十恶业者，生在饿鬼道；犯上品十恶业者，生在地狱道。六道中人无法摆脱生死轮回之苦。

在此处，"众生"二字指菩萨、缘觉、声闻及天道、人道中修行成菩萨、缘觉、声闻的圣人。

③众苦："苦"，梵文"豆佉"之意译。据《佛地经》解："逼恼身心名苦"。"苦"与"惑"、"业"相连，由惑起业、由业感苦。佛教认为，我们居住的这个娑婆世界，众生因"不明"生惑起业，所以处处充满了苦，生活其中的人不管富、贵、贫、贱，都免不了受这些苦。关于苦的种类有三苦、十苦、一百十苦等不同说法，最常见的说法是人生有八苦：即生苦、老苦、病苦、死苦、怨憎会苦（互相埋怨、憎恨者本求远离，但又往往聚集一处所带来的痛苦）、爱别离苦（互相友爱者生离死别带来的痛苦）、求不得苦（想得到而又得不到所带来的痛苦）、五取蕴苦（又称五蕴炽盛，是前七种苦之苦根。佛教认为，构

成人的成分不外乎五种，即五蕴：色——肉体，受——感情、感觉，想——理性、意念活动，行——意志活动，识——统一前几种活动的意识。这五蕴与一种固执的欲望即"取"联结在一起时，就会产生种种贪欲。因此，人一旦有了五蕴，就会产生苦）。当然，人在一生中也有欲望实现而享受快乐的时候，但诸行无常，一切都在变化之中，一时之乐无非是过眼云烟，到头来终成空幻，依然是苦。

但有一种"苦"另当别论，那就是为了修行而甘愿吃苦。比如修成罗汉，就得经历11种苦法：1.阿练苦。2.乞食。3.一处坐。4.一时食。5.正中食。6.不择家食。7.守三衣。8.坐树下。9.露坐闲静处。10.著补衲衣。11.在冢间。如果有人在11年中连续不断地学此"11苦法"，就可以成阿罗汉。

④ 但：只，仅仅。

⑤ 诸乐：种种快乐。佛教认为，极乐世界的人是由莲花变化出来的，不是父母生的，所以无"生苦"；那儿气候永远温和，没有四季变化，所以人也不会老，故无"老苦"，亦无"死苦"；莲花变化出来的身体非血肉之躯，故无"病苦"；相处在一起的是菩萨、罗汉等上等善人，哪儿还会有"怨憎会苦"；要什么，有什么，故无"求不得苦"；在极乐世界中的所见所闻，都使人生出念佛之心，故无"五取蕴苦"。种种苦都没有，自然只觉快乐。

⑥ 栏楯：即栏杆。"栏"指横的栏杆，"楯"指竖的栏杆。

⑦ 罗网：网络。

⑧ 行树："行"音 háng 形容树木一行一行的，很整齐。不仅如此，连树上的枝叶花果，也是枝对枝、叶对叶、花对花、果对果，整整齐齐。

⑨ 四宝:指金、银、琉璃、玻璃。
⑩ 匝:音 zā,意为周遍、环绕。

【白话】

舍利弗,你知道那儿为什么叫极乐吗?因为生活在那儿的人,无痛苦、无烦恼、无忧无虑,只享受无穷无尽、难以言传的快乐,所以叫极乐。

佛又对舍利弗说,在西方极乐世界,有由金、银、琉璃、玻璃四宝做的栏杆、网络、树木,它们各有七重,一重一重彼此相绕,美不胜收,所以叫极乐。

【说明】

这段经文交待了生活在极乐世界的众生的生活性质("无有众苦,但受诸乐")和大致的生活环境,从两个大的方面说明称西方净土为极乐世界的原因,是正文(正宗分)中第一部分之首段,它承接上文,引出下文,是对第一部分的概说。

【经文】

又舍利弗,极乐国土,有七宝池①、八功德水②充满其中,池底纯以金沙布地。四边阶道,金、银、琉璃、玻璃合成。上有楼阁,亦以金、银、琉璃、玻璃、砗磲、赤珠、玛瑙而严饰③之。池中莲花,大如车轮④,青色青光,黄色黄光,赤色赤光,白色白光,微妙香洁⑤。舍利弗,极乐国土,成就如是⑥功德庄严⑦。

又舍利弗，彼佛国土，常作天乐⑧，黄金为地⑨，昼夜六时⑩，雨⑪天曼陀罗花⑫。其土众生，常以清旦⑬，各以衣祴⑭盛众妙花，供养他方⑮十万亿佛⑯。即以食时⑰，还到本国⑱，饭食经行⑲。舍利弗，极乐国土，成就如是功德庄严。

复次，舍利弗，彼国常有种种奇妙杂色之鸟：白鹤、孔雀、鹦鹉、舍利⑳、迦陵频伽㉑、共命㉒之鸟。是诸众鸟，昼夜六时，出和雅㉓音，其音演畅㉔五根㉕、五力㉖、七菩提分㉗、八圣道分㉘，如是等法㉙。其土众生，闻是音已，皆悉念佛、念法、念僧㉚。

舍利弗，汝勿谓此鸟实是罪报㉛所生。以者何？彼佛国土，无三恶道㉜。舍利弗，其佛国土，尚无恶道之名，何况有实？是诸众鸟，皆是阿弥陀佛欲令法音㉝宣流，变化所作。

舍利弗，彼佛国土，微风吹动诸宝行树及宝罗网，出微妙音，譬如百千种乐同时俱作。闻是音者，自然皆生念佛、念法、念僧之心。舍利弗，其佛国土，成就如是功德庄严。

【注释】

① 七宝池："七宝"，指金、银、琉璃、玻璃、砗磲、赤珠、玛瑙。"砗磲"，又作"车磲"，栖息在热带海中的一种软体动物，肉可食，壳可以做器物或烧成石灰。佛教所称七宝之一的砗磲，实指砗磲壳，据言其像白玉，上有一条一条的纹路，像

车轮的渠,故有此称。"赤珠",红色的珠子。"七宝池"即由以上七种宝贝构造的池子。佛教宣称,在西方极乐世界中,这种七宝池很多,且大小各异,从十由旬到一千由旬(由旬,古印度计算距离的单位,以帝王一日行军之路程为一由旬,旧传一由旬40里,印度国俗乃30里)不等。池水可供极乐世界的人洗澡,水之多少、冷热,可由人意念随时变化。

② 八功德水:"功德",意即功能、性质,"八功德水"即有八种功能、性质的水,它们是一、澄净:澄清、洁净,无冲激、无污秽。二、清冷:清净凉冷,无混浊烦躁。三、甘美:水味为甜。四、轻软:水的性质轻浮柔软,不仅下行,而且上流。五、润泽:滋润滑泽,益人身心。六、安和:安宁和平,无大、急的波浪。七、除患:饮此水不仅止渴、且去饿。八、增益:饮此水或用此水沐浴,可增加人的善根,使人身体安乐,心思清静。据佛教宣称,此水不仅有以上"八功德",且永远不会干枯。

③ 严饰:装饰精细、整齐。

④ 池中莲花,大如车轮:莲花为一种夏季开放的花。佛教传说,佛陀释迦牟尼本是天上的菩萨,下凡降生到迦毗罗卫国净饭王处。降生前,净饭王的宫廷里现出八种祥瑞,百鸟群集在王宫顶上鸣声相和,四季花木一同盛开,尤其是池中突然开放出大如车盖的莲花。王后摩耶夫人得到预感,退入后宫,凝神静思,这时,菩萨化作一头六牙白象来入胎……后来,释迦牟尼得道,每当他传教说法时,就以"莲花座"为座,以"莲花坐势"为姿,两腿交叠,足心向上。

在以后的传播发展中,佛教与莲花的关系更为密切。观世音菩萨来去乘的是莲花座,寺庙中的佛、菩萨的雕塑也多半离不开莲花，不是高踞莲花座上，就是手持莲花注目凝思；佛教经典中，莲花也频频出现，《妙法莲花经》就以莲花题名，象征教义的纯洁高雅。《杂宝藏经》中载有"莲花夫人"的故事，说到雪山仙人的女儿端正殊妙，步步生莲花，被国王发现，纳为王妃，人称"莲花夫人"，后生五百子皆为大力士；在佛教艺术中，莲花的题材也颇多见，古印度阿旃陀壁画中就有一幅名为《持莲花的菩萨》。我国敦煌、云冈石窟也有大量的莲花图案，龙门石窟中还有一窟名为莲花洞。我国佛教有以莲花命名的宗派，如颇有影响的净土宗又称"莲宗"，等等。可见，莲花是佛教的象征。

其实，印度自古就有爱莲之风。那儿气候炎热，人们自然喜爱绿荫碧水，试想，在骄阳当空的大地上，忽而望见一泓碧水，水面上绿叶如玉盘，托着迎风摇曳、丰姿绰约的莲花，该是多么赏心悦目，清新喜人。佛教初创时以莲花为喻，一是为了迎合民俗的爱莲心理，以便形象地弘扬佛法，吸引信徒。二是因为佛教认为现实世界一片秽土污泥，主张有志者努力修行，不受污染、超凡脱俗，达到清静无碍的境界。这种出世人格与出污泥而不染、洁身自处、傲然独立的莲花有着天衣无缝般的契合，所以佛教以莲花为象征也就在情理之中了。

此处所说莲花，非在俗世，乃生长在极乐世界，其妙更不可言：一、它们大小各异，小到一由旬，大至一千由旬。"车轮"亦非俗世所见，其大小由一由旬至一千由旬不等，故有"大如车轮"之说；二、每朵莲花有几百几千亿个花瓣，皆由七宝组成；三、其色有纯有色，放射出无穷无尽光，每一光中会显出讲各种佛法的佛；四、俗世中若有一人发心念佛，七宝池中就会生出一朵莲花，有十人就生十朵，依次类推。念佛之人越诚心,莲花就越鲜艳。其人将死之时,阿弥陀佛、观世音菩萨及大势至菩萨就以这朵莲花接引此人到极乐世界,再由此朵莲花生出,在极乐世界永享快乐。如若念佛之人心变不诚,以至不念佛,莲花就会枯萎至死。由于修行不同,所以生在莲花里头的人也有许多品极,它们是:上品上生、上品中生、上品下生;中品上生、中品中生、中品下生;下品上生、下品中生、下品下生。

⑤微妙香洁:"微",微细、精巧,据言,生在极乐世界的莲花,每一花叶上都有8.4万条纹路,故称微细。它们都由七宝构成,精制巧妙。"妙"即"好";"香"指莲花放出的香味;"洁",洁净。

⑥如是:"如",似,像;"是",此,具体指上面经文所言之事物(七宝池、八功德水、阶道、楼阁、莲花,等等)。

⑦功德庄严:"功德"有以下几种解释:一、"功"指做善事,"德"指福报。《仁王经疏》载:"施物名功、归己曰德"。二、善念存于心曰"德",见于行曰"功"。三、"德"即"得",意谓修功有所得,所以称"功德"。功德需要积累而成。由少至多,称作"积",由低至高,称作"累"。德不积不崇,功不累不大。据说天仙有一千三百善,四年就积累成功德;地仙有三百善,一年就积累成功德;而人虽想积累功德,却常常半途而废。佛要尽度众生,当然功德最大,几乎所有的佛经,都要赞颂佛的功德。佛的功德被称作"功德聚"。《涅槃经》的颂词是:"如来无量功德聚,我今不能广宣说。"《浴佛功德经》的颂词是:"我今灌沐诸如来,净智庄严功德聚"。因诸佛功德无量,世人都欲求其保佑,以祈赐福。要想得福就需供养佛。《三藏法数》载:"若能恭敬供养佛、法、僧三宝,非但成就无量功德,

亦能获其福报,是名'功德福田'。"《无量义经》载:"布善种子,遍功德田,普令一切发菩提芽。"总之,遍种功德田,就能收获福果,这是佛经劝人向善的主旨。经中"功德"指阿弥陀佛成就极乐世界、接引众生往生净土的大功大德,此功德可谓所有功德之最。"庄严":装饰,指经文所言极乐世界里种种精巧、高雅的装修、布置。

⑧天乐:即天上的音乐。据称,此乐人间没有,且乐器空悬,不会坠落。无人演奏,妙音自然发出。念佛之人临终时,天乐会来迎接。

⑨黄金为地:用黄金铺成的地面。佛教称:极乐世界的地是由镶有多种宝贝的黄金铺成的,光亮无比,柔软不坚硬,且宽大平正,无高低、无黑暗。

⑩六时:佛教把白天分为初日分、中日分、后日分、夜晚分为初夜分、中夜分、后夜分,合称六时。

⑪雨:音yù,动词,原意"下雨",此处意为"落下"。

⑫曼陀罗花:"曼陀罗",又称"风茄儿",一种有毒草本植物,其他又名风茄花、洋金花,叶和种子有平喘、止痛之功效,可入药。

另:据《续高僧传》卷一"僧伽婆罗传"载,南朝梁时,扶南国(今柬埔寨)有一僧人亦名曼陀罗,又称曼陀罗仙,其国王阇那跋摩遣其携许多梵文和珊瑚像赠与中国。梁武帝命与僧伽婆罗共译《宝云经》、《法界体性无分别经》、《文殊师利所说般若波罗蜜经》。

经文中的曼陀罗花生于西方极乐世界,它是一种奇异的花,不仅花香四谧,能使所见之人感到身心快乐("曼陀罗"意即"适意"),而且从天上徐徐落下,逐渐层层化去,所以又称"天曼陀罗花"。

⑬ 清旦：清早。

⑭ 衣祴："祴"，音 gāi，意为"层""重"。衣祴，即衣襟或者衣服上可装东西的地方，比如衣兜。也有译作"装花器具"的。

⑮ 他方：指极乐世界以外的各方世界。

⑯ 十万亿佛：佛教认为每一大千世界就有一尊佛，十万亿佛即为十万亿个大千世界的佛。

⑰ 即以食时："即"，就在……某时、某地。"以"，意"用"。"食时"，吃饭的时候。"食"梵文"阿贺罗"的意译，总谓"增益身心者"。《俱舍论》载："毗婆沙说，食于二时能为食事，俱得名'食'。一、初食时能除饥渴。二、消化已资根及大。"

对于普通人来说，"食"就是吃下肚里的食物，尽管酸、甜、苦、辣滋味不同，但都从口中而入。然在佛教中，"食"的含义要广泛得多。《增一阿含经》将"食"分为九种：一、段食。将食物分成小段咬碎而食，以香、味、触三者为体，这是普通意义上的食物。二、触食。六识触对可爱的境地生喜乐之情，以长养身心者。如眼睛对于美色、鼻子对于香味等。三、思食。意识思及好事而生乐趣、资益诸根者。四、识食。地狱里的众生和无色界的有情等，以识资持命根者。五、禅悦食。修行的人得禅定的乐趣，能养诸根者。六、法喜食。修法之人闻法生喜，资慧命养身心者。七、愿食。修行之人发誓愿而持身，修万行者。八、念食。修行的人常念出世的善根，而不忘以资益慧命者。九、解脱食。修行的人最终得到涅槃之乐而长养身心者。以上九种食，只有第一种"段食"是可填饱肚子的，其他八种，都是感觉或精神上的乐趣，即现在常说的"精神食粮"。

⑱ 还到本国：指回到极乐国。佛教认为，极乐世界的众生都具有六种神通：一、无眼通：不论昼夜、远近、有无障碍，任何地方都可以看得清清楚楚。二、天耳通：任何声音，包括心声都能听到。三、他心通：知道任何人心中所念、所想。四、宿命通：知道任何人包括自己此世、前一世、前十世乃至前千万亿世的事情。五、神足通：只要一动念头，十方无穷无尽的世界可毫不费力、毫无阻隔的瞬间到达。六、漏尽通：除却种种烦恼，一丝不剩。经中言极乐世界的众生，早出抵十万亿佛土，饭时归还，皆缘于他们都具有神足通，来去自如。

⑲ 饭食经行："食"，音 sì，意"供养"、"给……吃"，"饭食"即吃饭。"经"围绕。"行"行走。"饭食经行"指吃过饭后，众生在极乐世界的各宝池、树林、亭台楼阁周围绕转、散步。

佛教宣称，到了极乐世界，想吃什么，就有什么，想吃多少，就吃多少。不用钱买，不用人烧，味道鲜美、甜酸咸淡随人而宜；不吃不觉饿，多吃不会胀，更无渣滓存留肚中，故那儿的人不用大小便；盛饭菜的碗，想用金的，就来金的；想用银的，就来银的，用过后自然消失，下次想要时又自然显现。真可谓处处遂人愿，时时让人乐。

⑳ 舍利：梵文，此处为鸟名，即中国的鹡鸰，也叫百舌鸟。

另，"舍利"也是重要的佛教名词，意译"身骨"，指死者火葬后的残余骨烬。通常称释迦牟尼的遗骨为佛骨或佛舍利，如佛骨舍利与佛牙舍利等。相传释迦佛火葬后，有八国国王分取舍利，建塔供奉，从此，从奉舍利之风渐盛。后来，舍利也指德行较高的和尚死后烧剩的骨头，据说有三种颜色：白色骨舍利、黑色发舍利、赤色肉舍利。此外，佛教中又有"金身舍利"、"碎身舍利"之分，还有"生身舍利"和"法身舍利"（指佛教大小乘全部经卷）的区别。

㉑ 迦陵频迦：鸟名，梵文音译，意译："迦陵"——好，"频伽"——声音，故名好声鸟。

㉒ 共命：鸟名，据说指鸟有双头、双心。

㉓ 和雅：柔和、温和、高雅。

㉔ 演畅：演说、演讲；通畅、流畅。谓鸟以其音流畅地演讲佛法。

㉕ 五根："根"即根本。因这五种法是生出各种善法的根本，故称"五根"。它们是"信根"，能够切实相信各种真正的道理，此根为五根之总根，其他四根从之发生；"进根"（勤根），既然相信了，就应勤勤恳恳，不停歇地向上修行；"念根"，常常想念这些真正的道理；"定根"，专心在真正的道理上，不为杂事分心；"慧根"，定心后就会生出智慧，有此根就会辨别是非、邪正。据称，有了这五根，自然会一心一意走向真正的道理。

㉖ 五力："力"即力量、功用。五根慢慢增加，就会产生很大的力量和功用。"信根"产生"信力"，可除惑抵魔，不为疑惑所动、不为邪魔所迷。"信力"同"信根"一样是一种总力，其他四力都是从之发出的；"进根"产生"进力"，会破种种懒惰心，成功出超脱俗世的种种大事业；"念根"产生"念力"，可破除邪念，生出正念；"定根"产生"定力"，可消除一切杂念，使心安宁；"慧根"产生"慧力"，可破除一切迷惑，断绝一切不中不正之见解。

㉗七菩提分："菩提"，梵文音译，意译"觉"、"智"，佛教名词，含义有五：一、指对佛教真理的觉悟。二、指佛教最高智慧，即断绝世间一切烦恼，成就"涅槃之智慧"。《大智度论》卷四十四鸠摩罗什注云："菩提，秦言'无上智慧。'"三、指觉悟"无相"之般若智慧。《维摩诘经》僧肇注"道之极者，称曰菩提……盖是正觉无相之真智乎。"四、指先天具有的"佛性"。五、专指称佛，全称为"阿耨多罗三藐三菩提"。"分"，即"份"。七菩提分，又称"七觉支"、"七觉分"、"七等觉支"、"七觉意"，意即达到佛教觉悟的七种次等或组成部分。据《杂阿含经》卷二十六等记述，它们是一、"念"——忆念佛法不忘。二、"择法"——以智慧辨别各种法的真假。三、"精进"——努力修行、坚持不懈。四、"喜"——由于悟及善法而心生喜悦。五、"猗"，又称"轻安"——因断除烦恼，身心安适愉快。六、"定"——心注一境，思悟佛法。七、"舍"——舍弃一切分别，用佛教观点平等待物、心无偏颇。

㉘八圣道分：梵文意译，亦译"八圣道"、"八正道"、"八正道分"、"八支正道"。意谓八种通向涅槃解脱的正确方法或途径。据《中阿含经》卷七、卷五十六、《俱舍论》卷二十五、《大乘义章》卷十六末等载，为释迦佛在鹿野苑初转法轮时向五弟子所言。一、正见——对佛教真理（具体指"四谛"）的正确见解。二、正思维，又称"正思"、"正志"——对"四谛"等佛教教义的正确思维。三、正语——修四口业，不妄言、不绮语（绮语：花言巧语）、不两舌（两舌：搬弄是非）、不恶口（恶口：不恭敬之语），凡非佛理之语不言。四、正业——除灭自身一切不正当之邪业使其清静。五、正命——符合佛教戒律规定的正当合法的生活。六、正精进——正确的努力，即勤勤

恳恳修涅槃之道法。七、正念——专心系念于"四谛"等佛教真理。八、正定——修持禅定、注心于一境，观察、理喻"四谛"之理。佛教认为，依此修行可由"凡"入"圣"，从迷界（现实世界）此岸渡到悟界彼岸，故也喻之为"八船"、"八筏"。

㉙ 等法：指除上面所提到的"五根"、"五力"、"七菩提分"、"八圣道分"外，还有其他佛法，即"四念处"、"四正勤"、"四如意足"，总共三十七项，佛教称"三十七道品"。"道品"为梵文意译，亦译"菩提分"、"觉支"等，意为达到佛教觉悟，趋向涅槃的三十七种途径。

"四念处"，亦称"四念住"。"四"指"身"、"受"、"心"、"法"，"身"——身体，佛教认为，人之身体有种种污秽，即"不净"；"受"——承受、接受、遭遇，佛教认为，人在此世所承受的没有不苦的，即"受是苦"；"心"——缘虑心，识别各种境界之心，此心缘境，境存心存，境灭心灭，无定性，故言心为"无常"；"法"——客观存在的一切事物，它们皆为因缘和合而成，不因我存而生，亦不因我亡而灭，而我自身之生、老、病、死亦不随我之意愿，它们都无独立的实体或主宰者，即"法无我"。但人却偏偏执着于"我"，所以才生出许许多多的苦，只有认识到"法无我"才能摆脱苦难。"念处"、"念住"，梵文意译，意为以智观（观察、思虑）境（身、受、心、法），指在精神专注的状态中按照佛之教诲认真思考"身"是"不净"、"受"是"苦"、"心"是"无常"、"法"是"无我"的道理，以此破除那种以"不净"为"净"、以"苦"为"乐"、以"无常"为"常"、以"无我"为"我"的"四颠倒"的思想。据《法门名义集》载："四念处"大小乘各有异，观身不净、观受有苦、观心生灭、观法无我是小乘四念处；观身如虚空、观受内外空、观心但名字、观法善恶皆不可得,是大乘四念处。

"四正勤",亦作"四意断"、"四正胜",梵文意译,意即四种正确的修行努力。一、未生恶,不令生,即努力防止生恶。二、已生恶、令断,即努力断除已经产生的恶。三、未生善、今生,即未生善时,应当努力修行使之产生。四、已生善、令增长,即已生善,应当坚持到底,使之不断增长直至圆满。

"四如意足",又称"四神足"。"如意足",梵文意译,意为各种神通("五神通""六神通")所赖以产生的凭借或基础("足")。"四如意足"即四种可以得到神通的禅定,据《法门名义集》载,它们为一、"欲如意足",由想达到神通的意欲之力发起的禅定。二、"念如意足",又称"心如意足",由心念之力发起的禅定。三、"精进如意足",由不断止恶进善之力而发起的禅定。四、"慧如意足",亦称"观如意足"、"思维如意足",由思维佛理之力发起的禅定。据称,修行这些禅定,可以具备神通变化如意自在的能力。

佛教认为三十七道品的次序是这样的:听法(即"闻慧"——听了佛法就能生出智慧)后,应该思虑其理(又称"思慧",思即用心想念,用心想念也能生出智慧)即"四念处",既然"念"了,就应该勤勤恳恳地修(又称"修慧"。从"四正勤"一直到"八圣道分"都为修慧),所以"四念处"下来是"四正勤";勤勤恳恳修后,心思自然集中而具有得到神通的基础。定力,即"四如意足":有了定力就如同树木生根。故有"五根","根"既然坚固就会生长产生力量,故有"五力";有了"根"、"力",方能以真实的智慧分别一切法,所以有"七菩提分";分别清楚一切法之邪正,就可在正确之道上修行,即最后的"八圣道分"。

㉚ 佛、法、僧：佛教三宝。佛教各门各派不管其主张多么不同，但都崇奉三宝。"佛"指佛教的创始者、祖师释迦牟尼，也泛指一切佛。"法"指佛陀在菩提树下所悟的道，即佛教教义。基本理论主要有"四圣谛"、"八正道"、"十二因缘"、"三法印"等。"三法印"指三种印证是否为真正佛教的标准或者标帜。一、诸行无常——世界万有变化无常；二、诸法无我——一切现象皆因缘和合，没有独立的实体或主宰者；三、涅槃寂静——超脱生死轮回、进入涅槃境界。有的佛经还加上"一切诸行苦"和"一切法空"（一切现象虚幻不实），合称"四法印"或"五法印"。"僧"指释迦牟尼建立的教团，泛指信奉、弘扬佛教义理的僧众。由于对佛陀教义的不同理解和社会的变迁，佛教教团组织亦有所不同，公元前6世纪—公元前4世纪中叶是释迦牟尼创立佛教及其弟子传承其教说时期，称为原始佛教。公元前4世纪中叶后，佛教内部由于对教义和戒律的理解产生分歧，分裂为许多教派，先是上座部、大众部、后又分裂出十八部或二十部，这一时期的佛教被称为部派佛教。1世纪左右，印度政治、经济发生了很大的改观，一部分具有激进思想的佛教僧徒不满足于自我修养和解脱，主张普渡一切有情众生，从生死此岸到达涅槃彼岸，自称大乘佛教，贬称其他佛教教团为小乘。公元7世纪后，随着印度社会的不断分裂和印度教的崛起，佛教逐渐与婆罗门教渗透、结合，形成以民俗信仰和高度组织化的咒术为主要特征的密教教团。这是佛教在印度发展的最后一个阶段。佛教产生后逐渐向世界各地特别是亚洲各国传播，成为世界三大宗教之一。在不同的国家和地区，与当地的民族特色相结合，形成了形形色色的佛教教团。

"佛"、"法"、"僧"包含了佛教的信仰目标、信仰理论、信仰徒众，是佛教的三大支柱，故称三宝，只有三宝具备，才构成完整的佛教。

㉛ 罪报：指造罪、作恶所得的报应。佛教认为，众生在世的一思、一言、一行的活动都是在作业，"业"有善恶之分，造什么样的"业"——因，就有什么样的"报"——果，即因果报应。世间众生在因果报应中循环、生死轮回，如同车轮回旋不停。轮回有六种境界（"六道轮回"）：天、人、阿修罗、畜生、饿鬼、地狱。

㉜ 三恶道：指畜生、饿鬼、地狱之道。

㉝ 法音：指佛法之音。

【白话】

佛又对舍利弗说：在西方极乐世界中，到处都有由金、银、琉璃、玻璃、砗磲、赤珠、玛瑙七种宝贝建造的七宝池，池中盛满具有澄净、清冷、甘美、轻软、润泽、安和、除患、增益八种功能的水。池底布满沙粒一样的金子。宝池四边的阶沿、道路，用金、银、琉璃、玻璃铺成，上面有亭台楼阁，也都用金、银、琉璃、玻璃、砗磲、赤珠、玛瑙七种宝贝精心装饰、煞是好看。池中盛开五光十色、大如车轮的莲花，青色的放出青光、黄色的放出黄光、红色的放出红光、白色的放出白光，它们微细精巧、圣洁高雅、香气四溢。舍利弗，西方极乐世界如此功业德行、美妙景象都是阿弥陀佛多年修行的结果。

佛又对舍利弗说，在西方极乐世界中，美妙天乐不绝于耳，黄金铺就的地随处可见，香洁美丽、令人心旷神怡的曼陀罗花不分昼夜从天徐缓而降。生活在那儿的人们，常常在一大清早就用衣兜装满奇异花卉，去供奉其他各方世界的佛。用膳之时返回，毕后散步漫行。舍利弗，西方极乐世界如此功业德行、美妙景象都是阿弥陀佛多年修行的结果。

佛再次对舍利弗说，在西方极乐世界中，常常有各种各样五颜六色的奇异之鸟：白鹤、孔雀、鹦鹉、鸳鸯、好声鸟、共命鸟，这些鸟不分昼夜皆发温和高雅之音，其音流畅地演讲出五根、五力、七菩提分、八圣道分等等这样的佛法。在那儿生活的人们，听到它们的声音都会生出念佛、念法、念僧之心。

舍利弗，你可别以为这些鸟生于人造罪所得的报应。为什么呢？因为在西方极乐世界，根本没有畜生、饿鬼、地狱这三种恶道。舍利弗，在那儿，恶道之名尚且不存，何况有之实。这些鸟，都是阿弥陀佛为了让佛法之音宣传、流播而变化出来的。

舍利弗，在西方极乐世界中，重重栏杆、罗网、树木随微细轻和的风而动，发出柔和美妙之音，就好像是成千上百种乐器同时演奏。听到这样的声音，自然而然都产生念佛、念法、念僧之心。舍利弗，西方极乐世界如此功业德行和美妙景象都是阿弥陀佛多年修行的结果。

【说明】

此节经文为正文第一部分之第二段，主要介绍了西方极乐世界的客观环境：种种华美奇妙的建筑，具有非凡功能的花卉、音乐、鸟类及微风，等等，也略提及那儿众生的生活情况，向世间众生展示了一幅极乐图景，此景同他们居住生活的俗世形成强烈反差，使众生不由得产生弃俗世、修佛道、往生净土之心。

佛教认为世间诸事逃不出"因"、"果"二字，凡事都是造业所得的报应，行善者得善报，作恶者得恶报。任何报应都分两部分，一是正报，指报应的承受者，即人本身。二是依报，指报应给承受者的吃、穿、住、行等外在的生活环境。得善报者就有好的生活方式、生活环境，得恶报者反之。而得善报之极者莫过于西方极乐世界。这节经文所讲的种种奇观异景乃为阿弥陀佛多年修行所得之依报。

关于"法"还需作进一步说明。"法"，梵文"达摩"、"达磨"之意译，通指一切事物。《成唯识论》卷一："法谓轨持"。《成唯识论述记》卷一本解释"'轨'谓轨范，可生物解；'持'谓任持，不捨自相。"前者谓有一定的规范或规律，人可以认识；后者谓有自性或质的规定性。在佛教文献中大致有三种含义：一、指佛的教法，或称佛法。即上面注释中所解，指佛教基本教义。二、泛指一切事物和现象，包括物质的和精神的，存在的和不存在的，过去的、现在的和未来的，如说："一切法"、"三世诸法"等等。三、特指某一事物和现象，如说"色法"、"心法"等。

"法"的分类很多：各派通讲的有蕴、处、界三科，小乘有部讲五位七十五法，大乘瑜伽行派和法相宗讲五位百法。所谓蕴即"五蕴"（又称"五众"、"五阴"）——色蕴、受蕴、想蕴、行蕴、识蕴，狭义为现实人的代称，广义指物质世界（色蕴）和精神世界（其余四蕴）的总和，是佛教全部教义分析研究的基本对象。所谓处即"十二处"（又称"十二入"）——指眼、耳、鼻、舌、身、意六根和色、声、香、味、触、法六境。佛教认为"十二处"是产生"心"和"心所"之处。所谓界指"十八界"，指六根、六境和六识（眼识、耳识、鼻识、舌识、身识、意识），它们是佛教以人的认识为中心，对世界的一切现象所作的分类，包括能够发生认识功能的六根，作为认识对象的六境,以及由此生起的六识。三科是佛教教诫学徒所分的科目,他们要求从这三个方面观察人及其面对的世界,目的在根据"愚夫"迷悟的不同情况,破"我执"之谬、立"无我"之理。

所谓"五位法"是小乘有部和大乘瑜伽行派及法相宗对世俗世界及其设想的彼岸世界的一切现象所作的五种分类。它们是:一、色法——有质碍或变碍之物,可引起贪欲爱乐,包括三类十一种:五根(眼、耳、鼻、舌、身)、五境(色、声、香、味、触)、无表色。二、心法——又名"心王",指精神作用的主体。小乘有部认为心法有一种,而瑜伽行派和法相原则认为有八种。三、心所有法——又称"心所"、"心数""心听法",指相应于心法而起的心理活动和精神现象,为"心"所有,故名。小乘有部认为"心所有法"有六类四十六种,而瑜伽行派及法相宗则分之为六类五十一种。四、心不相应行法——亦称"不相应行法",略称"不相应法",指既不属于"色",亦不属于"心"的有生灭变化的现象,故称"心不相应"。又因此法为五蕴中行蕴所摄,故全称为"心不相应行"。小乘有部认为此法有十四种,而瑜伽行派和法相宗则分之为二十四种。五、无为法——亦称"无为",与"有为"相对,指非因缘和合形成、无生灭变化的绝对存在,原是"涅槃"的异名。小乘有部认为无为法有三种,而瑜伽行派及法相宗则认为有六种。

另外,"法"作为合成词的一部分,在佛教用语中组词活跃,用途十分广泛:释迦牟尼是佛教教法之主,被尊为"法帝"、"法王"。居法王之后的菩萨,如文殊、普贤,被尊为"法王子"或"法臣"。精通经典理论并能讲解佛法者,被尊为"法师"。佛教经典称作"法典"。讲解佛典，称作"说法"。称说法时的文句为"法文"，说法时的声音为"法音"。举行诵经、供佛、施斋僧等仪式，称作"法事"。说法供佛的集会，称作"法会"。佛教仪式中使用的钟、鼓、铙、钹、引磬、木鱼等器物，称作"法器"。佛家寺院称作"法宇"。正法的殿堂，称作"法殿"。佛门弟子受戒之时，由师所授的戒名，称作"法号"。甚至连信佛的大众，也被称作"法众"。不仅如此，佛教还用"法"字，对深奥难懂的佛理、佛教故事作了许多生动的譬喻：以"法山"喻佛法高大；以"法海"喻佛法广大难测；以"法舟"喻佛法能渡人出死海；以"法雨"喻妙法犹如雨露滋润众生；以"法水"喻妙法犹如清水洗去烦恼之垢；以"法乳"喻妙法犹如母乳哺育弟子；以"法镜"喻法能照物；以"法灯"喻正法能照破世之冥闇；以"法城"喻正法坚如城堡能遮防非法；以"法幢"喻妙法高耸如幢之上出；以"法印"喻妙法像印玺真实而不变动；以"法树"喻学法像栽树能获涅槃之果；以"法药"喻妙法能医众生的疾苦；以"法桥"喻大法如桥能渡人过生死大河；以"法剑"喻说佛法有断烦恼之用；以"法财"喻法能利润如财；以"法宝"喻佛法珍重如世上的财宝……。如此这般，真可谓"佛法无边"。

【经文】

舍利弗，于汝意云何？彼佛何故号阿弥陀①？

舍利弗，彼佛光明无量，照十方国无所障碍，是故号为阿弥陀。

又舍利弗，彼佛寿命及其人民，无量无边②阿僧祇③

劫④,故名阿弥陀,舍利弗,阿弥陀佛成佛以来,于今十劫⑤。

又舍利弗,彼佛有无量无边声闻弟子,皆阿罗汉,非是算数之所能知。诸菩萨众,亦复如是⑥。舍利弗,彼佛国土,成就如是功德庄严。

【注释】

①阿弥陀:梵文音译,意译"无量光"、"无量寿",即光明,寿命无穷无尽,难以计量。据佛教宣称,所有佛的身体都有光明,此光有两种:一是常光,即每时每刻都发出的光;一是放光,此光因某种缘故才特地从身上各处放出。此处指的是前者。依《无量寿经》言,阿弥陀佛之光在十方世界中堪称第一,任何佛之光都无他的光照得远。其光可以无遮、无隔地普照十方世界,只照一个世界的日光、月光与之无法相提并论。这不仅因为光照的范围相去甚远,而且因为阿弥陀佛之光不会刺伤眼睛,不会让人觉得烦躁闷热,不管照多久,人都会觉得清爽舒服。除此以外,这种光还特别关爱念佛之人,像慈母一样照顾、保护他们。阿弥陀佛之所以有如此光能,都是因为其大慈大悲之心和所发之大心愿。据说,阿弥陀佛修行时曾发四十八个大愿,其中有一愿即为:我将来成了佛,如我之光有限,不能照遍无边世界,就不愿成佛。他成佛后,果然如愿以偿。

②无量无边:意即很多很多、无穷无尽。

③阿僧祇:梵文音译,亦译"阿僧企耶",意译"无数"、"无央数",佛教用语,以表示异常久远的时间单位。据称"一阿僧祇"有一千万万万万万万万万兆(百万为兆)。《大智度论》

卷四载"问曰：几时名阿僧祇？答曰：天人中能知算数法，极数不复能知。"意谓，此种计量法不是凡夫俗子可以算出的，形容阿弥陀佛寿命之无量。

④劫：梵文音译"劫波"、"劫簸"之略，意为极为久远的时节。源于印度婆罗门教，佛教沿用之，但说法不一，此处代表年代的数目。佛教认为，劫分大劫、中劫、小劫三种，一个大劫，有四个中劫；一个中劫，有二十个小劫；一个小劫，就是人的寿命。人的寿命有增有减，从十岁时算起，每过一百年加一岁，加到84000岁，至此每过一百年减一岁，减到十岁为至，如此加一回、减一回，共1680万年，此为一小劫。二十个小劫为一中劫，一中劫即为33600万年；四中劫为一大劫，一大劫即为134400万年。一大劫就有这么多年，何况有无数个阿僧祇劫呢？这里用以形容阿弥陀佛及其众生寿命之不可计量。

每一大劫中的四个中劫，分别称为成劫、住劫、坏劫、空劫，代表一个大劫中的四个阶段。成劫：成就一个世界的时代；住劫：人们在已形成的世界中平平稳稳地过日子的时代；坏劫：世界毁坏的时代，此间世界要遭受所谓的大火灾、大水灾、大风灾三种大灾难，使一切毁灭殆尽；空劫：坏劫之后的虚空时代。之后慢慢变成一个新世界，又到了成劫……。认为不但空劫中有大灾难，每一劫中还有许多小灾难。即使中劫中最好的时代住劫，其每一小劫的末后都有饥馑灾、瘟疫灾、刀兵灾这样的小三灾。可能正是因为这个缘故，我们现在才以"劫"字借指天灾人祸，如劫数、浩劫等。

⑤十劫：指十个大劫。

⑥亦复如是："亦复"即"也是"，"如是"指称上文所言"无量无边"、"非是算数之所能知"。

【白话】

舍利弗，你认为西方极乐世界的佛为什么名为阿弥陀？

这是因为此佛佛光其亮无比、其远无边无际，普照十方世界毫无障碍。所以称为阿弥陀（"无量光"）。

还因为此佛及其众生的寿命无穷无尽、难以计算，所以称为阿弥陀（无量寿）。阿弥陀佛成佛至今，已经经过了十个大劫，但这同其无量无边阿僧祇劫的寿命相比，仅仅算是个开头。

舍利弗，阿弥陀佛身边有无量无边数不胜数的已达到声闻果位的弟子，他们都是阿罗汉；还有许许多多的菩萨，其数难以估计。舍利弗，西方极乐世界有如此功业德行都是阿弥陀佛多年修行的结果。

【说明】

此节经文为正文第一部分之第三段，主要介绍了西方极乐世界的教主名号"阿弥陀"之由来，即缘于其光、其寿之无量无边，这也是阿弥陀佛所具众多奇功异能之最主要、最具特色的二条。还介绍了生活在那儿的众生的情况。

按照佛教理论，此节经文承接上文，说的是阿弥陀佛多年修行所得之正报。正报有主有伴，主即主人，西方极乐世界之教主阿弥陀佛为正报的主；伴即伴侣，生到西方极乐世界去的人为正报的伴。认为所有的人都逃脱不出因果报应，但无论是正报还是依报，我们这个娑婆世界的人所得的都无法与西方极乐世界的相比。因为我们这个娑婆世界很污秽，是五浊恶世：一、命浊——众生因作有恶业而寿命极短。二、烦恼浊——众生具有贪、瞋、痴等烦恼。三、劫浊——世世代代灾难不断，或饥馑、或疾病、或瘟疫、或战争。四、众生浊——众生不信善恶报应、不持禁戒而受众苦。五、见浊——众生持邪恶或错误的见解,以致佛教正法日益衰竭。佛教认为,欲世中即使是善报之极也无法逃脱这"五浊",更无法同西方极乐世界相比,所以人们应该弃绝此"五浊恶世",称念阿弥陀佛,往生西方净土。这正是以上经文极力渲染阿弥陀佛所得正报、依报之目的所在。

【经文】

又舍利弗,极乐国土,众生生者①,皆是阿鞞跋致②其中多有一生补处③,其数甚多,非是算数所能知之,但可以无量无边阿僧祇说。

舍利弗,众生闻者,应当发愿④。愿生彼国。所以者何？得与如是⑤诸上善人⑥俱会一处。

舍利弗,不可以少善根福德⑦因缘,⑧得生彼国。

舍利弗,若有善男子、善女人⑨闻说阿弥陀佛,执持名号⑩。若一日、若二日、若三日、若四日、若五日、若六日、若七日,一心不乱⑪。其人临命终时,阿弥陀佛与诸圣众现在其前。是人终⑫时,心不颠倒,即得⑬往生阿弥陀佛极乐国土。舍利弗,我见是利⑭,故说此言。若有众生闻是说者,应当发愿,生彼国土。

【注释】

① 众生生者：意谓生到极乐世界去的人们。
② 阿鞞跋致：梵文音译,亦译"阿脢（héng）跋致"、"阿

鞞（pí）跋致"，意译"无退转"、"无回头"。佛教以涅槃为全部修习所要达到的最高理想，达到涅槃即认识"无生"或"无生法"。所谓"无生"或"无生法"即认为一切现象之生灭变化，都是世间众生虚妄分别的产物，万事万物之本质在于"无生"，"无生"也就"无灭"，这才是诸法的"实相"、"真如"（本来的面目、真正的本质）。达到了对"无生"的认识，称为"无生忍"或"无生法忍"。得到了这种"无生法忍"，也就达到了涅槃，心念永远系住于"真如实相"，再也不会受外界的干扰、迷惑，也就不可能再回头退转到凡夫俗子的拙见中去了，所以佛教中也称"无生法忍"为"阿鞞跋致"。此处的"阿鞞跋致"意指往生极乐净土的人，这些人已经具备"无生法忍"，在极乐世界中，只有一直慢慢修上去，没有半途而废退转下来的。之所以这样，佛教认为原因很多，大致有以下五个方面：一、缘于阿弥陀佛之愿心。阿弥陀佛曾发大愿心道：我若成佛，凡念我名号、依我法修行之人，都只有一直修上去而无退转。二、缘于阿弥陀佛之无量光。凡念佛之人，阿弥陀佛就放出光来保佑、接引他们，有此佛力相助，自然不会退转回头。三、西方极乐世界的树林、网络、鸟语、风声皆会说法，生到那儿的人，有这般种种法音常萦于耳，自然会生出念佛、念法、念僧之心，哪儿还会退转下来呢？生活在极乐世界的都是声闻、菩萨。由阿弥陀佛接引到此的人，常常与声闻、菩萨为友，并可目睹佛仪容、耳听佛说法，有此好处，自然不会退转回去。五、俗世之人大多由于"财"、"色"而起邪念、造恶业。但在极乐世界，要吃有吃、要穿有穿、又无家室拖累，钱在此已失去意义，压根无用。所以那儿的人根本无需用钱，更谈不上贪财。再则，往生净土之人都是经莲花再生，无淫欲之心、无女身，也就无

"色"、无"财"、"色"乱心，自然会一心一意修行、一直修上去。最后，西方极乐世界没有邪教魔鬼来引诱人们走上邪路，所以生到极乐世界去的人不会退步，只有上进。

"不退转"有三种类型：一、位不退——升位至圣人贤人后，不会再退转做凡夫。二、行不退——专门修学大乘菩萨行后，不会再退到小乘的声闻、缘觉中。三、念不退——心思总是同佛的智慧相吻合，不再起别的念头。

③ 一生补处："一生"即一世；"补"，填补、补缺；"处"意"位"，这里指佛位。"一生补处"即在一世中补到佛的位子。佛教认为，每一大劫中佛位都有定数，缺一补一，缺二补二。凡是往生西方极乐世界的人，从莲花中重生后修行不懈，从"位不退"、"行不退"、"念不退"一直修到"等觉菩萨"（"觉"即佛，"等觉"意即"同佛一样"。菩萨也有许多等级，"等觉菩萨"为菩萨中最高位）的地位。此时，若有佛位缺出，就可补到佛的位子而成佛。还有一种情况：在往生西方极乐世界之前已经修到了"一生补处"的地位，像文殊菩萨、普贤菩萨等就是如此，他们在修到"等觉菩萨"之位后，还在佛前发愿要往生西方净土，由此可见西方极乐世界是多么好了。

④ 发愿：佛教认为，要想生到西方极乐世界，必须具备信、愿、行三大方面。信：相信西方极乐世界的真实存在；相信那儿确实有《阿弥陀经》所言的种种无可比拟的好处；相信只要一心念佛就可往生该处，等等。愿：既然相信了，就应该发愿心，情愿以佛授之法修道，抛弃现世的一切包括妻儿、财产、权势等等；情愿将来寿终时，生到西方极乐世界去；情愿在极乐世界中事佛念法、修行不止，达到一定成果，再回到娑婆世界中，渡脱一切有缘无缘的众生。行：既然发了大愿心，就应

该实实在在的修行，即念阿弥陀佛。认为，信、愿、行如同保持平衡的三支点，缺一不可。但相较而言，信、愿最重要，因为有了信、愿，自然就会行。其中愿心的力量是最大的，宣称，只要发了愿，没有不应验的。比如阿弥陀佛之所以能成佛，之所以西方极乐世界有那么好的正报、依报，都是因为阿弥陀佛在做法藏比丘时所发的48个大愿心——应验的结果。所以佛才再三劝人要发愿心。

⑤ 如是：指上面所言无穷无尽的声闻、菩萨及位居"一世补处"的大菩萨。

⑥ 上善人：上等的善人。

⑦ 善根、福德：佛教认为，要想往生西方极乐净土，信、愿、行三大方面缺一不可，仅就行而言，有"正行"、"助行"之分。所谓"正行"即行之根本、主干，指修行之人发菩提心及称念阿弥陀佛的名号。发菩提心即发道心，发信佛之心，发求成佛之心，发度脱十方世界众生之心。既如此，就应该切切实实的修——专门称念阿弥陀佛的名号。所谓的善根就是指的这种正行。凡不照这种"正行"修的，就是无善根；虽然修行，但只顾自己修习以免除生死轮回之苦，而不发菩提心以渡脱十方世界的苦难众生，将来只可成就小乘，这就是所谓的少善根。"助行"指使"正行"得以成功的修习内容。孝敬、赡养父母、念经拜佛、修六度、十善、受持禁戒等皆属"助行"。这种"助行"就是所谓的福德。不照这种"助行"修，就是无福德。修了不"回向"（"回向"意即将所修功德聚拢回转，一齐归向求生极乐净土），将来只能得到天上或人世间的好报应，就是少福德。所以要往生极乐世界，善根一定要多多培养，福德也要多多积累，才可望大功告成。

⑧因缘：梵文音译。指得以形成事物、引起认识和造就"业报"等现象所依赖的原因和条件。其中起决定作用的原因和条件叫"因"，起间接辅助作用的叫"缘"。《维摩诘经·佛国品》鸠摩罗什注"力强为因，力弱为缘"。《俱舍论》卷六："因缘合，诸法即生"。佛教中称这种"因缘所生法"为"缘起法"。

"缘起说"是佛教的独创理论，也是早期佛学的重要部分。佛教以此来解释说明世间万事万物（包括人）发生、发展、灭亡等等现象的原因。"缘起说"的基本命题是："此有故彼有，此起故彼起"；反之，"此无故彼无、此灭故彼灭"。意即，世界是普遍联系的，没有孤立存在的现象，任何现象又都处在生灭变化中，没有永恒不变的事物。所以现象的产生及它们间的联系变化只有在一定条件下才能引起，即"缘起"。由此，佛说引起因果说及业报轮回等重要教义。像前面已经解说的"十二因缘"就是佛教用"缘起"说解释人生本质及其流转过程的。

此节经文所谓"因缘"指往生西方净土的原因、条件，同"善根"、"福德"联用。"善根"指因，"福德"即缘，前者为主，后者为辅，缺一不可，不圆满、不到位亦不可。

⑨善男子、善女人：指信佛的男性、女性。佛教认为，做人有五种难处：一是人身难得；据佛经讲，完全不犯五戒，或是修中品的十善，才可得人身；另外，就发心修行、一心向佛来讲，生在人道比生在天道好，因为天道中快乐颇多，生在此道中人，反而因贪图快乐而不肯发心修行、止步不前。况且，凡佛出世，也在人道中，说法亦然。所以佛经上常说人身难得而不说天身难得。二是中国难生：如生在国外，就不容易听到

佛法。三是五根难备：所谓"五根"，即眼、耳、鼻、舌、身。"备"，具备完备。五根难备意即一个人要眼、耳、鼻、舌、身样样具备、完好无损很不容易。它们之中有一样不具备或损坏，都对修行不利，目盲不能看佛经、耳聋不能听佛法、舌坏不能念佛经、身残不能拜佛像等等。四是善友难值："值"碰到、遇到。据佛教宣称，现在为末法时代，人心恶者多，引诱旁人做坏事者多，劝人行善者少，而劝人念佛修行的就更少了。所以要碰到一位真正的好友很难。五是佛法难闻：经过上面的"四难"，要听到佛法，实在是很不容易。另外，不是任何世界都有佛出世，曾经有180劫空过无有佛，生在那个时代的人就听不到佛法。现时代，世间有佛、佛法可闻，实在是幸事。如过了这个末法时代，就需等许多万万年后未来佛弥勒佛出世，才可再闻佛法。所以，一个人能过"五难"，并闻佛、信佛、念佛。那么其前生定有善根、有因缘，因此，佛教称信佛之人为善男子、善女人。

⑩执持名号："执持"本意为以手提住、捧住不放。"名号"指佛的名字，"执持名号"意即专心致志、一心一意念佛，使佛名号常住心间。

⑪一心不乱：心中无一丝一毫的杂念，惟佛独存。佛教认为俗世之人所以身处苦海而难以修行成功是因为杂念太多，故修行成功、得以往生净土的关键就是摒除所有杂乱念头，一心一意念佛、使心中惟佛是有。认为修一心不乱的最好方法是念佛之人，用心聆听自己念佛的声音，要逐字逐句听得清清楚楚，从不间断，这样，旁的杂念无从生起，心自然就容易归一了。如在往日果真能做到一心不乱，那么临终之时，满心是佛，就可感动阿弥陀佛来接引到极乐世界去；即使没有修到一心不乱

的地步，只要有切实的信心、愿心，至诚恳切地念佛，恶事不做、善事多为，也可蒙佛顾念接引乐土，只不过吃力些，所生品位比较低。

⑫ 终：即终结、完结、结束。这里指称"死"。佛教一般把"死"分为命尽死、外缘死两种。命尽死意即全其天命而死，《大涅槃经》将其分为三种："一者命尽非是福尽，二者福尽非是命尽，三者福命俱尽"。外缘死意即自杀或他杀等横死，《大涅槃经》亦将其分为三类："一者非分自害死，二者横为他死，三者俱死"。此外，佛教还总结出9种横死：一、得病无医。二、王法诛戮。三、非人夺精气。四、为火所焚。五、为水中沉溺。六、恶兽啖。七、堕崖。八、毒药咒诅。九、饥渴所困。

"死"是佛教对一般佛教徒及普通人生命结束的称谓，佛生命的终结则尊称为"涅槃"。"涅槃"，又称"般涅槃"，梵文音译，亦译"泥日"、"泥洹"、"般泥洹"等，意译"灭"、"灭度"、"寂灭"、"无为"、"圆寂"等。是佛教全部修习所要达到的最高理想，一般指"熄灭"、"生死"轮回而后获得的一种精神境界。佛教认为，人们处于"生死"，原因在有烦恼和各种思想行为（"业"），特别是世俗欲望和分别是非之观念。"涅槃"即是对"生死"诸苦及其根源"烦恼"的最彻底的断灭。《大乘起信论》载："以无明灭故，心无有起；以无起故，境界随灭；以因缘俱灭故，心相皆尽，名得涅槃。"

大小乘对"涅槃"具体释义有所不同：据《肇论·般涅槃无名论》介绍，小乘以"灰身灭智、捐形绝虑"为"涅槃"，即彻底死亡之代称。大乘反对这种说法。《中论》等的实相为"涅槃"："诸法实相即是涅槃"。而实相又即是因缘所生法上之"空性"，故与"生死"世间无有区别。大乘派认为"五阴（即"五蕴")相续,往来因缘故,说名世间。五阴毕竟空、无受、寂灭……世间与涅槃无有区别,涅槃与世间亦无分别"。因此,他们不主张脱离世间去追求超世间的"涅槃",体现了他们强烈的入世精神。但无论如何,大乘毕竟视"涅槃"为成佛的标志,一旦证得,就是万能的神。《大涅槃经》把"涅槃"说成是具"常、乐、我、净"四德的永生常乐之佛身。在佛教史籍中,通常也作为死亡的代称。

"涅槃"的分类很多,一般分有余涅槃和无余涅槃两种。佛教认为生死原因之烦恼已经断绝,但作为前世惑业造成的果报身还留在世间的"涅槃"就叫"有余涅槃";相反,"生死"之因果都尽,不再受生于世间三界者,称"无余涅槃"。《大智度论》卷三十一载:"爱等诸烦恼断,是名有余涅槃;圣人今世所受'五众'(即五蕴)尽,更不复受,是名无余涅槃"。

⑬ 即得:立刻获得。

⑭ 是利:"是",如此,这样,具体指上边所言一心念阿弥陀佛,就可以往生西方极乐世界一事。"利",利益、好处。"是利"意即"这样的大好处"。佛教认为,这种一心称念佛号,即可往生净土的大好处、大利益有两种:一种为"自利",即自己得到往生西方极乐世界的大好处后,再坚持不懈地修行,一直修到"一生补处"的地位。一种为"利人",即生到极乐世界后,见佛得道,再回到我们这个娑婆世界中,劝化度脱一切众生,一同往生西方净土。前者为小乘,后者为大乘,此种"利人"的行为被称为"菩萨行"。

【白话】

佛又对舍利弗说,凡是生到西方极乐世界去的人,得力于阿弥陀佛的帮助、保护及无可比拟的良好的自然环境和人文环境，都会坚持不懈，修行不已，不断进取，没有半途而废、走回头路的。他们之中有许多人在一世之内就修到了补着佛位的程度，再加上在往生西方极乐世界之前就已修到等觉菩萨之位（如文殊菩萨、普贤菩萨，等等）的，这种情况之多、数量之大，非数字可以表达，只能用无穷无尽、数不胜数这样的字眼来形容。

舍利弗，凡是听到以上佛法的众生，都应该发情愿生到西方极乐世界去的大愿心。为什么呢？因为这样就可以同上面所说的许许多多的上等善人聚会在一起。

舍利弗，往生西方净土需有因缘，善根不足，福德不满，则不能生到西方极乐世界去。

舍利弗，如果信佛的男男女女，听到阿弥陀佛后，能专心致志、一心一意称念佛号，或是一日，或是二日、三日，或是四日、五日、六日、七日……，通过这样不懈的努力，终有一日会心无丝毫杂念、惟佛独存。如果修到这种一心不乱的功夫，在其临死之前，阿弥陀佛和诸位菩萨圣人就会在他面前显现；断气之时如若其心思清静、安宁，只想生到西方极乐世界去见佛，无颠倒、糊涂之状，那么，阿弥陀佛就会立即将其接引到西方极乐世界去。舍利弗，我目睹了如此大的好处，才说这样的话。若是有听到我这样话的众生，都应该发愿心，情愿生到西方极乐世界去。

【说明】

一、此节经文为正文的第二部分。着力于劝化世间有情众生要发求生到西方极乐世界去的大愿心，并介绍往生该处的种种修行方法。这些修行方法，归为一句话即"称名念佛"。

　　在我国佛教界，主张此修持法门，相信并提倡一心专念阿弥陀佛，死后可入阿弥陀西方净土者被称为净土信仰者，由他们组成的教派称为净土宗，其主要经典《阿弥陀经》《无量寿经》《观无量寿经》。净土宗又称"莲宗"，相传东晋时慧远曾在庐山邀集僧俗十八人成立"白莲社"，共同发愿往生西方净土，被后代奉为初祖。此后，影响较大的是东魏汾州玄中寺僧昙鸾，著《往生论注》、《略论安乐净土义》等，提倡一心一意称念佛名，死后可往生西方净土，并自称其教义为"易行道"。随居间僧人道绰亦在玄中寺传倡净土信仰，著有《安乐集》。唐初僧人善导师从道绰，研习净土教义，后至长安光明寺传教，著有《观无量寿佛经疏》、《往生礼赞》、《净土法事赞》、《般舟赞》等。《观无量寿佛经疏》宣称"一切善恶凡夫得生者"，皆可依靠阿弥陀佛愿力，往生极乐净土；《往生礼赞》等著作主要阐述念佛、礼佛的方法、仪式等。善导完成了净土信仰的教义和行仪，可以说是他正式创立了净土宗。据《佛祖统纪》卷二十六记载，善导"演说净土法门三十余年"，"长安道俗传授净土法门者不可胜数，从其化者至有诵《阿弥陀经》十万至五十万卷者，念佛日课万声至十万声者"。可见其影响之大。善导之后弘扬净土信仰的重要人物有承远、慧日、法照、少康等。净土宗与其他宗派强调自力修行、自力求证的教义不同，它主张依他力与内力结合求取来世的解脱和幸福，即以念佛为内因，以弥陀之愿力（由阿弥陀佛发愿要接引度脱念佛之众往生净土所产生的力量）为外缘，内外相应往生净土，由于其称名念佛的修持方法简单易行，易为广大信徒所接受。中唐以后广泛流行。宋代、与禅宗、天台宗相融合，流行更甚。由于对佛经理解不同，此时净土信仰主要分为"念佛净土"和"唯心净土"两种，前者认为只有"持诵修行"，才是"脚踏实地"，使人人必生净土，超脱轮回；后者则认为净土固然应修，但重点依然在心，"若言无净土，则违佛语。夫修净土者，当如何修？复自答曰：生则决定生、去则实不去。若明比旨，则唯心净土，昭然无疑"。(《乐邦文莫》卷四)

9世纪时净土信仰传入日本，12世纪日本僧人源空据善导《观无量寿经疏》著《选择本愿念佛集》，倡导专修念佛，开创日本净土宗，尊昙鸾、道绰、善导为最初三祖。现流派很多，主要有镇西派和西山两大派系。

二、佛教中常常提到"忍"。"忍"为梵文"羼提"的意译，有"忍受""认可"等意思。《成唯识论》卷九载"忍有三种，谓耐怨害忍、安受苦忍、谛察法忍"，即把安于受苦受害而无怨恨情绪及能认可佛教真如的信仰当作"忍"的内容。前面提到的"无生忍"或"无生法忍"之"忍"即为对佛教真如信仰的认可之意。另外，据《显扬圣教论》卷三载"忍波罗蜜多：谓或忍受他不饶益不恚性，或因安受诸苦不乱性，或因审察诸法正慧性"，"忍"当为对于其他一切事物之信受认可，属于智之一种。但作为佛教普遍宣传的一种美德，"忍"的重点还是在要求众生安于苦难和耻辱，故有"忍辱"之说，并以之为菩萨修行的"六度"之一。《六度集经》第三章载："忍不可忍者，万福之原"。

三、关于经文"其中多有一生补处"的"多有"一词还需作些说明。据佛教宣称，阿弥陀佛所发四十八个大心愿中有两个心愿是这样的：一为若是我成了佛，愿我国众生之寿命无穷无限。除非有人有别的愿心，要往他方世界教化众生，那么寿命之长短随他意愿。二为若是我成了佛，那么凡往生我国的诸多菩萨，定能修到"一生补处"之位。但如若他本人有别的愿心,要往生他国修功德、化众生,那么就随他心愿。由于阿弥陀佛有这样两个大心愿,所以生到西方极乐世界的人,去留可随自便。故这"一生补处"只说"多有",不言"都是"。另外,照经文上讲,在极乐世界中还有"无量无边""皆阿罗汉"的声闻弟子,这也是只说"多有"的另一缘故。

四、佛教认为释迦牟尼圆寂后,佛法日渐衰微。分为正、像、末三法时期,又称"三时"。正法时代,佛法正确无误,包括教说("教")、修行("行")和证悟("证")三个方面;像法时代,佛法相似正法,只有"教"、"行"而无"证";末法时代,佛法将灭,只有"教",而无修行和证悟。关于三法的时限,说法不一,一般如《南岳思大禅师立誓愿文》和《安乐集》卷下等,认为正法五百年、像法一千年、末法一万年;而《释净土群疑论》卷三引《大悲经》则言:正法千年、像法千年、末法万年。

【经文】

舍利弗,如我今者,赞叹①阿弥陀佛不可思议②功德之利,东方亦有阿閦鞞佛③、须弥相佛④、大须弥佛⑤、须弥光佛⑥、妙音佛⑦,如是等恒河沙数⑧诸佛,各于其国,出广长舌相⑨,遍覆⑩三千大千世界,说诚实言:汝等众生,当信是⑪称赞不可思议功德、一切诸佛所护念经⑫。

舍利弗,南方世界,有日月灯佛⑬、名闻光佛⑭、大焰肩佛⑮、须弥灯佛⑯、无量精进佛⑰,如是等恒河沙数诸佛,各于其国,出广长舌相,遍覆三千大千世界,说诚实言：汝等众生，当信是称赞不可思议功德、一切诸佛所护念经。

舍利弗，西方世界，有无量寿佛⑱、无量相佛⑲、无量幢佛⑳、大光佛㉑、大明佛㉒、宝相佛㉓、净光佛㉔，如是等恒河沙数诸佛，各于其国，出广长舌相，遍覆三千大千世界，说诚实言：汝等众生，当信是称赞不可思议功德、一切诸佛所护念经。

舍利弗，北方世界，有焰肩佛㉕、最胜音佛㉖、难沮佛㉗、日生佛㉘、网明佛㉙，如是等恒河沙数诸佛，各于其国，出广长舌相，遍覆三千大千世界，说诚实言：汝等众生，当信是称赞不可思议功德、一切诸佛所护念经。

舍利弗，下方世界，有师子佛㉚、名闻佛㉛、名光佛㉜、达摩佛㉝、法幢佛㉞、持法佛㉟，如是等恒河沙数诸佛，各于其国，出广长舌相，遍覆三千大千世界，说诚实言：汝等众生，当信是称赞不可思议功德、一切诸佛所护念经。

舍利弗，上方世界，有梵音佛㊱、宿王佛㊲、香上佛㊳、香光佛㊴、大焰肩佛、杂色宝花严身佛㊵、娑罗树王佛㊶、宝花德佛㊷、见一切义佛㊸、如须弥山佛㊹，如是等恒河沙数诸佛，各于其国，出广长舌相，遍覆三千大千世界，说诚实言：汝等众生，当信是称赞不可思议功德、一切诸佛所护念经。

【注释】

① 赞叹："赞"赞扬，"赞叹"。"叹"叹美。

② 不可思议："思"思想、思考、想象，"议"议论、谈论。"不可思议"意即无法想象、无法以言语表达。此处用以比喻阿弥陀佛功德之大之多之神秘奥妙。

③ 阿閦鞞佛：佛名。"阿閦鞞"，梵文音译，意译"不动"。佛教认为，佛有法身、报身、应身三种佛身。法身又称自性身、佛身，指以佛法成身、或身具一切佛法。由于各派对佛法理解不同，故对法身的具体规定亦不相同。报身指以法身为因，经过修习而获得的佛果之身。应身指佛为度脱世间众生，随三界六道之不同状况和需要而显现之身，或指释迦牟尼之生身，或指变现混迹于世间之天、人、鬼、龙等。其中法身不生不灭、永远不会变动。佛名"阿閦鞞"即取此意。

阿閦鞞佛为东方极乐世界（又称妙喜世界、欢喜世界）的教主，东方欢喜世界比西方极乐世界略逊一等，此佛国众生虽亦从各种花中重生，无淫欲之事，但仍有男女之别。

④ 须弥相佛：佛名。"须弥"即"须弥山"，为梵文音译，亦译"修迷卢""须弥楼""苏迷卢"等，意译"妙高"、"妙光"、"安明"、"善高"、"善积"等。本为印度神话中之山名，后为佛教所采用。据传此山由四种宝贝合成，高八万四千由旬，山顶上为帝释天，四面山腰为四天王天，周围有七香海、七金山。第七金山外有铁围山所围绕的咸海，咸海四周有四大部洲。许多佛教造像和绘画以此山为题材，以表示天上之景。"相"即貌相、状貌。佛教中称一切事物之本质为"性"，其外现的形象状态为"相"，如火的焰相、水的流相等。佛教认为由于佛之福德

和智慧，所显佛相具有种种好处，如同景色万千、妙高善积的须弥山一样。佛名"须弥相"即取此意。

⑤大须弥佛：佛名。"大须弥"形容佛德之大、智慧之大如同高过七金山的须弥山一样，非常物可以相比。

⑥须弥光佛：佛名。借须弥山来比喻佛光之大。

⑦妙音佛：佛名。此佛声音微妙、动听，凡闻其音者，皆可获得种种利益。

⑧恒河沙数：恒河，南亚的一条大河，发源于喜马拉雅山脉南坡。流经印度和孟加拉国，注入孟加拉湾，全长2700公里，流域面积106万平方公里。流域内人口稠密，农业、航运业发达。据说，佛现身说法之处离此河很近，加之河中之沙又多又细，故佛教常以恒河之沙比喻数目之多。

⑨广长舌相："广长舌"，又宽又长的舌头。"相"，形象、貌相，佛教宣称，佛之法身从本质上讲是无形无相的，但他们可视具体情况和需要而显现各种形相。仅就形身而言，可时大时小，小的不过一丈六尺，即所谓"丈六金身"，大的有八尺之多，至大时可充满整个虚空，此时也就没有形相，只有不生不灭的真实心。众佛共处也不相碍，如同一间屋中有许多灯，每灯之光皆能普照屋子的所有角落而各不相碍。据此，佛有"一切佛之法身皆一个法身"之言。至于相貌更是千姿百态，应时而变。据说，释迦牟尼佛就有"三十二相"、"八十种好"（"好"指貌相的细微特征）。此处的"广长舌相"即佛根据当时需广泛传播阿弥陀经的具体情况而变化出的貌相。这种形象同时也表达了诸对阿弥陀经的称赞和信任以及促使、说服众生信、愿、行的决心。

⑩遍覆："遍"，面面俱到，"覆"，覆盖、遮盖。"遍覆"即

无所不到。

⑪ 是：指《阿弥陀经》。

⑫ 称赞不可思议功德、一切诸佛所护念经：这十六个字为这部经本来的经名，现名《阿弥陀经》为法师鸠摩罗什译时所致，原因有二：一要人们常常听到佛名，二是字数少，便于宣传记忆。

"护念"即保护记念。佛教宣称，凡是念佛之人，阿弥陀佛不仅常常在其左右暗中保护，而且会记念他们、接引他们往生西方净土。此处之"护念"，除阿弥陀佛外，还包括各方无穷无尽的佛。

⑬ 日月灯佛：佛名。佛教认为，佛之智慧如同日光、月光、灯光能驱逐黑暗、带来光明一样，可从根本上破除无明，从而使人脱离苦海，证得涅槃。

⑭ 名闻光佛：佛名。"名"莫名、名声。言佛名声之大，可使十方世界一切众生都听见，如同那极明亮的光可普照大地一样。

⑮ 大焰肩佛：佛名。"焰"火光，"肩"左右两个肩膀，这里用来比喻佛的两种智慧。一为"权智"，即方便的智慧。据称佛有一种智慧，当他讲经说法时，可依据众生不同的根机，对什么人说什么话，使他们信佛之言，依佛言行事，从而入法门，渐渐得以解脱。二为"实智"，即真实的智慧。佛教认为，佛法玄奥，佛理难解，实在是不可思议。若是依言语示之，总不免有不达之处，只有用真实的智慧去觉悟它。而佛就具有这种真实的智慧。佛就用这两种智慧担当起一切佛事，如同人的双肩，其智慧最大像火光，可照破无明，故此有"大焰肩"的名号。

⑯ 须弥灯佛：佛名。用须弥山形容灯火之高大，以此比喻

佛光可照及极远。

⑰无量精进佛："无量"即无限量、无极。"无量精进"含义有二：一是佛修行之时日长久无限量，尽管如此，仍修行不已，以求更精、更好。二是佛所做的好事，他的自利利他的功德没有限量。佛名"无量精进"即取此意。

⑱无量寿佛：佛名。指佛之寿命无限。此名同阿弥陀佛名号相同，但并非一尊佛，佛教认为，一尊佛，可以有无数的名号；一个名号也可以有无数的佛，这并不奇怪。在十方世界中，同名同号的佛多得数不胜数。

⑲无量相佛：佛名，"无量相"指佛的相貌多得不可胜数，没有限量。据《观无量寿经》上说，阿弥陀佛就有八万四千种相，每种相里，又有八万四千种好。这都是他们多年修行的结果。

⑳无量幢佛：佛名。"幢"音 chuáng，古时作为仪仗用的一种旗帜，形状有圆的、六角的、八角的等，竖起来很高。这里借此来比喻佛的功德高大。"无量幢"表示佛的功德高大无量。

㉑大光佛：佛名。意为佛光最大，没有一处照不到的。

㉒大明佛：佛名。意为佛以其智慧破除一切无明、迷惑，从而由无明走向大明。

㉓宝相佛：佛名。含义有二，一、佛貌相之好与众不同，无可比拟，像是各种宝石；二、佛经中常以各种宝贝、宝石来称赞形容佛相，如以琉璃来形容佛眉心中间的白毫相等。

㉔净光佛：佛名。意为佛之光明圆满清净，可使被照之人身心清爽净怡，一心向佛。

㉕焰肩佛：佛名。其意与"大焰肩佛"相同。

㉖ 最胜音佛：佛名。意为佛之声音最好。胜过所有一切声音。据称，佛音总共有八种好处：第一种为极好音：各种天上的人，包括声闻、菩萨，他们说话的声音同我们这个娑婆世界中俗人发出的声音相比已经够好了，但与佛音相比，仍略逊一筹。佛音是极好的，任何声音都无法与之相比。第二种为柔软音：佛是大慈大悲的，所以发出来的声音也是温柔和软的。第三种为和适音："和"，和顺、顺从、协调，"适"，合适、适宜。佛教认为，佛所讲之法，上合自己所证悟到的法理，即不背逆佛法、与佛法相协调；下依听法人根机之大小深浅，即根据听者所具机缘，选择适合他们的语言，使他们了解、相信佛法。第四种为尊慧音：佛是一切众生中最尊贵、智慧最广大的，其所发之音不仅能使听者尊重他，而且可增长许多智慧。第五种为不女音：佛的声音很有力度，能够使得天魔外道归伏降顺。不像女子所发之音，只是柔和悦耳而没有威势。第六种为不误音：佛的智慧，可洞见一切事物的真正道理，所以其音一定不会有错误。第七种为深远音："深"是从纵的方面讲，"远"是从横的方面讲，佛的声音能使所有十方有缘众生都听见，没有上下远近之别。第八种为不谒音："不谒"意即无穷无尽。佛所言哪怕只有一句，其中也包含许许多多的道理。

㉗ 难沮佛：佛名。"难沮"有二层含义："沮"音 jù，为水名，古时以沮水命名河流者甚多，据史书记载，陕西、河南、山东、湖北都有沮水河。此处用其引申意"流动"。佛教认为，凡夫俗子身处生死，轮回不止，如同水之流动永不停息。而法已证得法身，永不变动。所以有"难沮"之称。另外，"沮"音 jǔ，意为阻止。"难沮"意谓佛神通广大、威德无比，一切天魔外道都难以阻止他。

㉘ 日生佛：佛名。比喻佛智慧之光能照耀一切，从而破除众生的无明、迷惑，就像太阳升起，普照大地，带来一片光明一样。

㉙ 网明佛：佛名。据传，大梵天王（即"大梵天"，又称"梵天"，本为婆罗门教、印度教的创造神，与湿婆、毗湿奴并称为婆罗门教和印度教的三大神，后被佛教吸收为护法神，是释迦牟尼佛的右胁侍，持白拂。同时又是色界初禅天之王，称"大梵天王"）有张网，网上宝珠千颗，颗颗金光四射，加之回光折射，其亮无比。这里用以比喻佛之智慧像大梵天王的珠网一样明亮，可照及任何地方。

㉚ 师子佛："师"通"狮"。用百兽之王狮子来比喻佛及佛说之法威力无比，能使众生相信他、佩服他，使天魔外道皈依佛法，如同狮子降服一切动物一样。

㉛ 名闻佛：佛名。意同前面注释过的"名闻光佛"。

㉜ 名光佛：佛名。"名"即佛名。"光"即佛光，"名光佛"意谓佛的大名声，一切世界都知晓；佛的智慧光，一切世界也都能照得到。

㉝ 达摩佛：全称"菩提达摩"，梵文音译，意译"道法"。佛自己悟得道理，证得法身后，为解脱众生，说出种种证悟之法，使众生脱离苦海，这就是佛自利利他的无量无边大功德。

另外，中国佛教禅宗初祖亦名菩提达摩，通称达摩祖师。据《续高僧传》卷二十八、《景德传灯录》卷三记载，达摩祖师为南天竺僧人，香至王第三子。南朝宋末航海至中国广州，后又往北魏，在洛阳、嵩山等地游历并传禅学。据传，在少林寺"壁观"9年，提出"理入"和"行入"的修行方法，"理入"要求舍伪归真，"行入"教人去掉一切爱憎情欲，按佛教教义践行。被尊为"西天"（天竺）禅宗第二十八祖和"东土"（中国）禅宗初祖。

㉞法幢佛：佛名。以"幢"字比喻佛法最高，最伟大，众生都信仰。

㉟持法佛：佛名。"持"保持、持有、拿定。持有佛法，以之教化一切有情众生，使他们脱离苦海，到极乐世界去，永无烦恼。

㊱梵音佛：佛名。"梵"意为"清净""寂静""离欲"等。印度婆罗门教、印度教术语。认为它是修行解脱的最后境界，是不生不灭的、常住的、无差别相的、无所不在的最高实体，也是宇宙的最高主宰。在此佛教取其"清净"、"离欲"之意，"梵音佛"意谓佛所发之音能使人消除种种欲念，除去一切烦恼，身心爽宁。

㊲宿王佛：佛名。"宿"即星宿，星宿之王指月，意为无数星光比不上一个月光，以之比喻佛在一切众生中最尊贵、最伟大、最有智慧等等。

㊳香上佛：佛名。是说在一切功德香中，佛香是最上等的，就是所有的大菩萨也无法与之相比，所以称香上佛。佛香指佛证得的五分法身香。所谓五分法身香，是说佛之法身是用戒香、定香、慧香、解脱香、解脱知见香这五种功德的香熏出来的。戒香——戒掉、除去心中贪心、嗔心、痴心等等种种恶心，此谓戒香。定香——外边的种种境界，不管其好、坏、苦、乐皆不为所动，此谓定香。慧香——明白一切真正的道理，心不起杂念，此谓慧香。解脱香——心中清净安宁、不为外界的一切所动，逍遥自在，无阻碍、无束缚，此谓解脱香。解脱知见香——既然心不为外界所累，那么就会专心读各种佛经，智慧

日见增长，此谓解脱知见香。

㊴香光佛：是说佛的功德香能够发出光来。佛教认为，一个人只要能够诚心念佛，心中自然也会有功德的香光。

㊵杂色宝花严身佛：佛名。"杂色"各种不同的颜色，"宝花"非比寻常的花，"严身"装饰自己的身体。意谓：佛所修的种种功德能使他以各种不同的颜色和非比寻常的花来装饰自己的身体，成就法身。"杂色宝花严身佛"即取此意。

㊶娑罗树王佛：佛名。"娑罗"梵语音译，意为坚固。据说娑罗树如同松树，不管春夏秋冬都茂密葱郁。这里用娑罗树比喻佛之法身不生不灭，坚不可摧。"娑罗树王佛"是说佛之不生不灭、坚不可摧的法身在一切圣贤里头为最尊最贵。

㊷宝花德佛：佛名。是说佛的种种功德如同宝贵的花。

㊸见一切义佛：佛名。意即佛可以证见一切法的真实道理。

㊹如须弥山佛：佛名。是说佛之功德最高最大，如同须弥山一样。

【白话】

舍利弗，像我现在这样称赞阿弥陀佛不可思议功德的，在东方世界还有阿閦鞞佛、须弥相佛、大须弥佛、须弥光佛、妙音佛，等等，数目之多如同恒河里的沙粒，不可胜数。他们都分别在自己的佛国中现出可遍及三千大千世界的广长舌相，诚恳地说：你们这些众生，应该相信这部《称赞阿弥陀佛不可思议功德、所有佛都保护记念的经》。

舍利弗，像我现在这样称赞阿弥陀佛不可思议功德的，在南方世界还有日月灯佛、名闻光佛、大焰肩佛、须弥灯佛、无量精进佛等等，数目之多如同恒河里的沙粒，不可胜数。他们都分别在自己的佛国中现出可遍及三千大千世界的广长舌相，诚恳地说：你们这些众生，应该相信这部《称赞阿弥陀佛不可思议功德、所有佛都保护记念的经》。

舍利弗，像我现在这样称赞阿弥陀佛不可思议功德的，在西方世界还有无量寿佛、无量相佛、无量幢佛、大光佛、大明佛、宝相佛、净光佛等等，数目之多如同恒河的沙粒，不可胜数。他们都分别在自己的佛国中现出可遍及三千大千世界的广长舌相，诚恳地说：你们这些众生，应该相信这部《称赞阿弥陀佛不可思议功德、所有佛都保护记念的经》。

舍利弗，像我现在这样称赞阿弥陀佛不可思议功德的，在北方世界还有焰肩佛、最胜音佛、难沮佛、日生佛、网明佛等等，数目之多如同恒河里的沙粒，不可胜数。他们都分别在自己的佛国中现出可遍及三千大千世界的广长舌相，诚恳地说：你们这些众生，应该相信这部《称赞阿弥陀佛不可思议功德、所有佛都保护记念的经》。

舍利弗，像我现在这样称赞阿弥陀佛不可思议功德的，在下方世界还有狮子佛、名闻佛、名光佛、达摩佛、法幢佛、持法佛等等，数目之多如同恒河里的沙粒，不可胜数。他们都分别在自己的佛国中现出可遍及三千大千世界的广长舌相，诚恳地说：你们这些众生，应该相信这部《称赞阿弥陀佛不可思议功德、所有佛都保护记念的经》。

舍利弗，像我现在这样称赞阿弥陀佛不可思议功德的，在上方世界还有梵音佛、宿王佛、香上佛、香光佛、大焰肩佛、杂色宝花严身佛、娑罗树王佛、宝花德佛、见一切义佛、如须弥山佛等等，数目之多如同恒河里的沙粒，不可胜数。他们都分别在自己的佛国中现出可遍及三千大千世界的广长舌相，诚恳地说：你们这些众生，应该相信这部《称赞阿弥陀佛不可思议功德、所有佛都保护记念的经》。

【说明】

一、此节经文为正文（正宗分）第三部分之首段，介绍了东、南、西、北、下、上各方世界中诸佛对阿弥陀佛不可思议功德之信任和赞誉，及对众生的劝化。目的主要是为了证明《阿弥陀经》的确很好，经中所言的修行方法的确最为简单易行。借六方世界诸佛之口，劝化众生相信经中所言，依经中所言修习方法修行，从而得以脱离苦海、往生净土。从我们今天的行文习惯看，这段经文是第二部分经文的延续和旁证。

二、唐三藏玄奘法师的《阿弥陀经》译本，经名为《称赞净土佛摄受经》，关于这段经文，除了东、南、西、北、上、下六方外，还有东南、西南、东北、西北四方，总共十方。鸠摩罗什的译本略去四方，可能认为东、南、西、北、上、下六方诸佛已赞叹和广布《阿弥陀经》，那么，其他各方的佛也不会例外。佛教认为，各方的佛一齐称赞这部经，其实也是依了阿弥陀佛的愿力，据说阿弥陀佛做法藏比丘之时，所发四十八个大愿心，其中一个心愿即为：我若成了佛，一定要十方世界所有的佛都称赞我的名号，倘若不能如此，我就不愿成佛。现在各方的佛齐声赞誉阿弥陀佛，就是满足了他这个大愿心。

三、"香"本为一种受人欢迎的气味，却与佛教有千丝万缕的联系，不仅佛名中有"香"字，如"香上佛"、"香光佛"，就是普通僧众及佛教活动的所有场所也都离不开"香"。在佛教，"香"为梵文"健达"之意译，为六种（花、涂香、水、烧香、饭食、灯明）供养之一。据《大日经疏》载："烧香是遍至法界义。如天树王开敷时，香气逆风，顺风自然遍布。菩提香亦尔，随一一功德，即为慧火所烧，解脱风所吹，随悲愿力自在而转，普熏一切。故曰'烧香'"。也就是说，烧香是为了使自己所修功德或佛之功德周遍一切地方。

烧香是佛教的一种仪式，在行法中，有五处要烧香：（一）初入道场，见法会圣众，五体投地，礼拜恭敬，这时应该先烧香。（二）是引入己身，行者先于身上观月轮，在月轮中现本尊身，为了供奉这时所现的佛身而烧香。（三）为供道场所布列的诸尊而烧香。（四）正念诵经时，现对本尊为此法，故为供之而烧香。（五）观念之后，为奉送本尊而烧香。除此之外，几乎佛教的一切活动都要烧香，祭祖宗、悼亡灵也不例外。因为，佛教认为香火是联结佛和信徒以及教友之间的纽带，因此，称彼此契合为"香火因缘"。如同结盟于宿世。香又能通人之信心于佛之使，所以称"佛使"。

此外，烧香之器，称作"香炉"。置香炉之几，称作"香案"。置香案之处，称作"香亭"。香火旺盛的供佛之处，称作"香室"、"香殿"、"香刹"、"香界"。总之，几乎一切佛教活动场所的名称，都能与"香"挂上钩。但所有的"香"中，惟佛具有的香是最上乘的，所以称"香上佛"。

【经文】

舍利弗，于汝意如何？何故名为一切诸佛所护念经。舍利弗，若有善男子、善女人闻是经受持①者及闻诸佛名者，是诸善男子、善女人皆为一切诸佛之所护念，皆得不退转于阿耨多罗三藐三菩提。②是故，舍利弗，汝等③皆当信受④我语及诸佛所说。

舍利弗，若有人已发愿、⑤今发愿、当⑥发愿，欲生阿弥陀佛国者，是诸人等，皆得不退转于阿耨多罗三藐三菩提，于彼国土，若已生、若今生、若当生。是故，舍利弗，诸善男子、善女人若有信者，应当发愿，生彼国土。

【注释】

①受持："受"，接受、领受，"持"，坚持、保持。"受持"意即领受记住经中所言并按经中所言方法坚持修行。

②皆得不退转于阿耨多罗三藐三菩提："于"到、及于。"阿耨多罗三藐三菩提"，梵文音译，略称"阿耨三菩提"。"阿"为"无"，"耨多罗"为"上"，"三"即"正"，"藐"即"等"，"菩提"为"觉"。"阿耨多罗三藐三菩提"意译为"无上正等正觉"；旧译为"无上正遍知"、"无上正遍觉"等。佛教名词，被认为能觉知佛教一切真理，并能如实了知一切事物，从而达到无所不知的一种智慧。这种智慧惟佛具有，此处此词意为"成佛"。

"皆得不退转于阿耨多罗三藐三菩提"一句应分前后二句来理解。"皆得不退转"为一句，意为：领受修持《阿弥陀经》的人会得到诸佛的保护记念，所以他们都不会回转、后退。"于阿耨多罗三藐三菩提"一句接上句意为：只会慢慢的进步，一直修到成佛、具有佛的智慧的境界。

③汝等：狭义指听佛说法的所有人。广义指世上一切众生。

④信受："信"，相信。"受"，接受，依照……行动。此处

指修行的"行"。"信受",意为相信佛所言并依佛所言之法去做,去修行。

⑤已发愿:"已",以前、已往。"发愿",指发要生到西方极乐世界去的心愿。

⑥当:应该,引申为"将来"。

【白话】

舍利弗,你认为这部经为什么名为《一切诸佛所护念经》?舍利弗,这是因为如果信佛的男性、女性,有听闻此经并能依经中所言坚持修行的,听闻东、西、南、北、上、下六方世界诸佛尊号的,那么,他们都会受到诸佛的保护、记念,都会慢慢修行成佛,具有佛的智慧,不会再倒退、回转。所以,舍利弗及在座的各位,你们都应当相信我和诸位佛所说的话,并依此言修习。

舍利弗,如果有人发愿,愿往生西方阿弥陀极乐佛国,那么,无论此愿是过去已发的、现在正发的、将来要发的,这些人不管过去、现在和将来都可往生西方极乐世界,都可渐渐修行成佛,具有佛的智慧,而不会再倒退回转。所以,舍利弗,信佛的男男女女如果有人相信此经所言,那么应当发生到西方极乐世界去的大愿心。

【说明】

此节经文为正文第三部分之第二段,上承第一段,解释此经名为《一切诸佛所护念经》的缘由,并再次劝诫众生相信并发往生西方净土的心愿。

【经文】

舍利弗,如我今者,称赞诸佛不可思议功德。彼诸佛等,亦称赞我不可思议功德,而作是言:释迦牟尼佛能为甚难希有之事,能于娑婆国土、五浊恶世①——劫浊②、见浊③、烦恼浊④、众生浊⑤、命浊⑥中,得阿耨多罗三藐三菩提,为诸众生,说是一切世间⑦难信之法⑧。

舍利弗,当知我于五浊恶世行此难事,得阿耨多罗三藐三菩提,为一切世间说此难信之法,是为甚难。

【注释】

① 五浊恶世:前面已提及,这里做进一步解释。"五浊恶世",略称"浊世"。"五浊",梵文意译,亦译"五滓"。"浊"、"滓"意为"污秽、浑浊不洁净"。佛教用语。"五浊恶世"是佛教对现实世界的一种看法,认为现实世界为"五浊"所充盈,到处都充满了烦恼痛苦。这"五浊"是劫浊、见浊、烦恼浊、众生浊、命浊。

② 劫浊:"五浊"之一。佛教认为,现实世界中各种各样的灾难从未间断,每一中劫之坏劫,充斥着大火灾、大水灾、大风灾等等大灾难;而每一小劫之末,还会发生饥馑灾、瘟疫灾、刀兵灾等各种各样的小灾难,人的寿命忽增忽减,身体状况时好时坏等等。总之,劫难充盈世界,故称"劫浊恶世"。

③ 见浊:"五浊"之一,指众生所持的邪恶见解或错误见解。共分五种,一、我见。佛教认为,诸行无常,诸法无我,世间一切皆因缘和合而生,本质上都是虚幻的、空的。但世间

众生却偏偏执着于我，由"我见"这种错误的见解生出自私自利之心，造出种种罪业来。二、偏见。旧时亦称"边见"，即不正的见解，例如，认为这个世界上的众生，做人的终是做人，做畜生的终是做畜生，此生此世所作所为与来世无关，不相信恶有恶报、善有善报，这就是一种偏见。由此偏见而影响人的一言一行不依佛理，从而造出种种不善业，使世界污秽不净。所以偏见也是见浊之一。三、戒取，即假借佛之名制定戒规，使不明真相之人守此戒规而误入邪道。更有甚者，则以此作为生财之道，收取不合理的钱财。四、见取。指固执己见而生出种种事端。五、邪见。指种种不合正当道理的见解。以上这五种见解都可束缚一个人，使之难以通晓佛理，无法依佛理修行，误入邪道，造出恶业。

④烦恼浊："五浊"之一。共有五种：一、贪。即贪心，世间许多恶事都源于人心之贪。二、瞋。即惊诧、愤怒。碰到不称心的事就发脾气，不能忍耐。三、痴。即愚妄不通事理，糊里糊涂不分是非黑白。四、慢。即傲慢无礼、骄傲自大。五、疑。即疑惑心。以上五种皆可乱人心思，使人多生许多烦恼，难以清静。故而为"烦恼浊"。

⑤众生浊：佛教认为世间众生摆脱不了六道，生生死死轮回不已，即使在好一些的人道，也要受生、老、病、死等八大苦，更不用说轮回到畜生、饿鬼、地狱这三恶道了。

⑥命浊：即人的寿命短暂，时时都有结束的危险。

佛教认为，在以上五浊中，第一种"劫浊"是由后面四种浊造成的。认为，生在娑婆世界的众生，无法脱离这五浊。若是生在西方极乐世界，就没有成、住、坏、空各种劫，也无大三灾、小三灾，这样就不存在"劫浊"；生在极乐世界的众生，都有正当的见解，故无"见浊"；他们身具智慧、心念清净，故无"烦恼浊"；相处在一起的皆是声闻、菩萨，不受六道轮回之苦，所以无"众生浊"；那儿众生之寿命无边无量，故无"命浊"。西方极乐世界没有以上五种污秽不净，浑浊不清，所以又被称为清净土。

⑦ 一切世间：指包括娑婆世界在内的所有世界，下至地狱道的地狱世界，上至西方极乐世界等无一例外。

⑧ 难信之法：意即难以相信的修行方法。因为《阿弥陀经》所言往生西方净土的修行方法——"称名念佛"简单易行、获益却很大，不仅能够往生西方极乐世界，而且一世之内还可修到"一生补处"之位。所以，不单生在恶道（畜生道、饿鬼道、地狱道）里的众生不会相信，就是生在天道、人道中的众生也多有疑心；不单愚笨的人不会相信，就是聪明的人也多有疑心；不单凡夫俗子不会相信，就是声闻、缘觉也多有疑心。故称之为"一切世间难信之法"。

然而，佛教宣称，佛是绝不会说谎的，经中所言方法一定是真正靠得住的，大家断乎不可以为之太简单而获益甚大就心存疑惑。只要一心一意照佛所说修行，那么就会往生净土。并言：实际上已经有许多一心念佛之人生到西方极乐世界去了，《往生传》、《净土圣贤录》二部书中就记载着他们的姓名、年代、年龄、出生地等等。

【白话】

舍利弗，像我现在这样称赞各方诸佛的不可思议功德一样，各方诸佛也都称赞我的不可思议功德。他们是这样说的：释迦牟尼佛能做很难、很少有的事情，能在这个充满五种污秽不净

（劫浊、见浊、烦恼浊、众生浊、命浊）的恶劣的娑婆世界中修行成佛、证得佛果，并为所有众生演讲这种一切世间都难以相信的修行方法。

舍利弗，应该知道我在这个充满五种污秽不净的恶劣的娑婆世界中做如此艰难的事情，修行成佛，证得佛果，并为所有众生演讲这种一切世间都难以相信的修行方法，实在是很不容易。

【说明】

一、此节经文为正文的最后一部分——第四部分。主要说明各方诸佛对此经文的作者释迦牟尼佛的伟大功德的称赞。佛教认为，我们这个娑婆世界充满了种种污秽，在这样污秽的世界上修行已经是很难了。而释迦牟尼佛不但在这样污秽的世界上修行，而且得道成佛，可谓难上加难。不仅如此，还要在这样的污秽的世界上讲说大家不容易相信的念佛求生到西方极乐世界去的方法，更是难上加难再加难。这也正是释迦牟尼佛慈悲、伟大之处，所以各方诸佛都在称赞他，而世间众生就更应依佛言修行，这样才对得住释迦牟尼佛，不至于辜负他大慈大悲的恩德。

二、玄奘法师的译本（经名译作《称赞净土佛摄受经》）中，将"舍利弗，如我今者，称赞诸佛不可思议功德"，译为"舍利弗，如我今者，称赞无量寿佛不可思议功德"，其实，二者并无矛盾之处。佛教认为，所有佛之法身，都是相同的，《华严经》言："十方诸如来，同共一法身"，比如天空中的月亮只有一个，但月影却有无数，海里有、江里有、湖里有、河里有、井里有、缸里有、盆里也有，只要有水的地方就有月影。天上月就如同一切佛之法身，月影就像一切佛之应身，应身是从法身上现出来的相，即使不尊佛也有无量无边的应身。但不管其有多少应身，其法身总是一个，正像玄觉禅师的《永嘉证道歌》所言："一性圆通一切性，一法遍含一切法；一月普现一切月，一切水月一月摄。"这就是华严宗常说的"一即一切，一切即一"。既然如此，说"称赞诸佛"就和"称赞无量寿佛"（即阿弥陀佛）的含义是一样的。其实，依照佛理，不仅所有佛法身同一，就是众生的本心（人内在的真实本质）同佛心也是一样的。只是因为众生被"无明"所迷惑，以外境的种种虚幻为实有，并追求之，造出种种"业"来，受轮回果报之苦，无法显现自己的本性。所以，从根本上讲，众生和佛只是"迷"和"悟"之差，"自性迷，佛即众生；自性悟，众生即佛"，只要众生依佛言修行，破除迷雾，就可证得自己的本性而成佛，故就本质而言，众生之本心与佛心、众生之法身与佛之法身都是相同的。

【经文】

佛说此经已①。舍利弗及诸比丘、一切世间天、人、阿修罗等②，闻佛所说，欢喜信受，作礼而去。

【注释】

①已：停止、完毕。

②等：表示除了一切世间天、人、阿修罗外，还包括"八部"。"八部"又称"八部众"、"天龙八部"、"龙神八部"，为佛教天神。据《舍利弗问经》等载，这"八部众"为：一、天众，即天上的人们。二、龙众，即众多的龙。三、夜叉，梵文音译，亦译"药叉"，意译"能啖鬼"、"捷疾鬼"、"勇健"、"轻

捷"、"秘密"等。是一种能在虚空中飞行的鬼,属神道类。据《玄应音义》载:"'能啖鬼',谓食啖人也。又云'伤者',谓能伤害人也",所以在人们的印象中,夜叉总是凶暴异常,令人恐惧。为此,世人常将凶横之徒比做"夜叉",特别是专横跋扈的女性,常被人称作"母夜叉"。在佛教中,夜叉很多,比较著名的有《大日经疏》记载的"夜叉八大将"和《陀罗尼集经》记载的"十六大夜叉将"。"夜叉八大将"由毗沙门天王管领,责任是保护众生:(一)摩尼跋陀罗,译作:"宝贤"。(二)布噜那跋陀罗,译作"满贤"。(三)半枳迦。(四)沙多祁里。(五)醯摩苃多,即"住雪山者"。(六)毗洒迦。(七)阿吒嚩迦。(八)半遮罗。"十六大夜叉将"为:(一)达里底啰瑟吒大将。(二)禁毗噜大将。(三)啰日噜大将。(四)迦尾噜大将。(五)弥睹吒大将。(六)哆怒毗大将。(七)阿儞噜大将。(八)娑儞噜大将。(九)印捺噜大将。(十)波夷噜大将。(十一)摩尾噜大将。(十二)娇尾噜大将。(十三)真特噜大将。(十四)嚩吒徒噜大将。(十五)尾迦噜大将。(十六)俱吠噜大将。这十六位夜叉大将各有七千眷属,声势十分浩大。四、乾闼婆,为玉帝处管音乐的神。五、阿修罗。六、迦楼罗,即金翅鸟,据称此鸟金翅展示有三百三十六万里,专门食龙。七、紧那罗,像人形,但头上有角,为玉帝处管乐器的神。八、摩㬋罗迦,即大蟒,又称地龙。据说"八部"中天众和龙众最显神灵。

【白话】

释迦牟尼佛说完这部经。舍利弗和各位比丘、一切世间的天神、人、阿修罗等等,听佛所讲,心领神受,欣喜如获至宝,拜佛而去。

【说明】

此节经文为佛经三分（序分、正宗分、流通分）中的流通分，也就是现在常说的结束语。内容一般都为再次叮嘱弟子记住经中所言之法，并使其广为流传。

这段经文为阿难所记众生听佛说法结束时的情景。这里，阿难也说到了"信受"二字，说明"信"在这部《阿弥陀经》中的地位。一切皆始于"信"，只有相信了，才会发愿心，才会实实在在地去修行、称念佛号，往生净土。

【经文】

拔①一切业障②根本得生净土陀罗尼③。

南无阿弥跢婆夜、哆地伽哆夜、哆地夜他、阿弥唎都婆毗、阿弥唎哆、悉耽婆毗、阿弥唎哆、毗迦兰帝、阿弥唎哆、毗迦兰哆、伽弥腻、伽伽那、枳多枷隶、娑婆诃。④

【注释】

① 拔：拉出来、抽出来、剔除。

② 障：本意为遮盖、阻碍、障碍，佛教指遮盖众生本心，阻碍众生跳出三界的门路。"障"有烦恼障、业障、报障三种，佛教认为众生因"无明"执着于我，故有种种烦恼，进而造出诸种业，造了业就会受报应，所以烦恼障是业障和报障的根本。

③ 陀罗尼：梵文音译，意译："总持"、"总有"、"不分散"之意，"持"有"不失去"之意，故译为"咒"。

④ 南无阿弥哆婆夜……娑婆诃：为佛咒。它如同军营中的秘密号令，只可自己人知晓并使用而无法破译，所以只照梵语语音直译。佛教认为，这些咒语虽不能破解，但只要常念却非常灵验，可保护念咒之人一生平安，并在其临终之时接引他往生西方极乐世界。

【白话】

剔除一切烦恼得以往生净土的咒语。

南无阿弥跢婆夜、哆地伽哆夜、哆地夜他、阿弥唎都婆毗、阿弥唎哆、悉耽婆毗、阿弥唎哆、毗迦兰帝、阿弥唎哆、毗迦兰哆、伽弥腻、伽伽那、枳多迦隶、娑婆诃。

【说明】

"拔一切业障根本得生净土陀罗尼"，此咒即大家常说的"往生咒"，认为念此咒可加快往生净土的速度。凡欲往生净土的人，需念阿弥陀佛，只要坚持称念佛号就可消罪业。罪业消得又多又快、往生之日就越近，此咒就是为了帮助消罪的，所以众生除了念阿弥陀佛外，还需念此"往生咒"，以求早日往生西方极乐世界。

《阿弥陀经》中人物故事

佛陀的童年

释迦牟尼出家前,是印度北部迦毗罗王国净饭王的太子,身居皇宫,衣食无忧。但他不沉溺满足于此,一心想学些本领。8岁时,即拜毗迦蜜和忍天所为师,遍读各种书籍(包括兵法),历经4年的勤学苦练,12岁的他已通晓各种世间道理。宫中上下无不称赞。

有一天,天气晴好,释迦王族的五百多名少年在园中练习射箭。一群大雁恰巧飞过,斛饭王之子提婆达多立即张弓搭箭向天上的飞雁射去。其中一只被射中,飘飘然坠落在悉达(佛的小名,也称"悉达多")园中。悉达太子急忙把这只受伤的大雁轻轻捧起,放在膝盖上,用左手扶住大雁的身体,用右手拔出箭头,然后用酥油蜂蜜把伤口封好。

提婆达多看见自己射中的大雁落在悉达园中,就派手下过去要回。手下一进园门，正好瞧见太子怀中的大雁，就说："这只大雁是提婆达多射中，落在你家园中的，请赶快把大雁还给他吧！"太子回答说："这只大雁如果死去，就送还给你家少爷；如果身体可以复原，就不能送还给你们了。"

提婆达多听后很生气，再次派人过来对太子说："大雁死也好，活也罢，必须还给我。因为是我首先把它射中的，太子没有理由要留下它。"太子回答："是我先得到这只大雁的。我之所以留下它，是因为我有一颗慈悲心，爱护一切生命，何况是只受伤的大雁呢？"

双方为此争执不下，只好请释迦王族的智慧长者来决断。长者们听了事情的前后经过，一个天神化身的长者首先说："谁养育了这只大雁，主权就应该属于谁。"其他长者都赞成这个主张。这样，太子便取得了胜利。据说，这就是提婆达多和太子结下仇恨的根源。

一天，净饭王领着太子和其他王族的少年们到野外散步。当时，田地里有许多农民在劳动。他们都光着膀子，一手扶着犁，一手挥着鞭，辛勤地犁地。耕牛若是稍微走得慢一些，农民不是拽绳子，就是扬鞭抽打；加上烈日当空，天气特别炎热，那些骨瘦如柴的农民和耕牛，又饥又渴又累，都汗流浃背，气喘吁吁。在犁过的田地上，常有一些小虫蠕动爬行，引来天上许多小鸟，竞相捕食。太子看到耕田之牛这样卖力，还要遭受鞭打，又被套绳紧紧束缚，伤痕累累；看到农民赤膊工作，被烈日曝晒，尘土满身；看见遍地小虫被群鸟争食。所有这一些，使太子产生强烈的怜悯之心，他十分忧愁，就好像自己的亲族被绑缚一样的难受、痛苦，便自言道："唉，世间众生，不但备受生、老、病、死之苦，而且还要这么劳作，还有这么多伤心之事。他们为什么不舍弃这些世间烦恼，去寻求一个寂静安乐之处呢？为什么不想方设法摆脱这些苦难呢？我应该找个僻静之处，好好地想想这些事情。"

时候不早了，散步完毕的净饭王领着孩子们返回了自己的林园。太子四处张望，想找一个幽静之地。忽然，一棵枝繁叶茂的阎浮树吸引了他的注意力，他当即告诉左右侍从："你们都先回去吧！我要独自一人在这里静思修行。"于是，太子来到阎浮大树底下，在草坪上跏趺而坐，静心思考。

恰巧此时，空中飞行着五位逍遥自在的神仙，可在他们要经过阎浮树上空时，却无法前进了，这是怎么回事呢？他们议论起来："我们过去多次从这里来来往往，依靠咱们的神通，或者穿过高高的须弥山，到毗沙门大天王的住所；或者到阿罗迦槃多城，那里的夜叉、恶魔虽多，都无法阻挡。今天是怎么回事呀！是哪一位使我们的神通失灵了呢？"说罢，就仔细观察下面的阎浮树，只见太子在树下跏趺而坐，威光闪烁，一片光明。心想："他莫非就是世间之主大梵天王？莫非就是沙那欲界之主？莫非是月天子、日天子？莫非是转轮圣王？莫非是佛陀出现在凡世上？"园林的守护神告诉大惑不解的众神仙："这不是大梵天世间之主，不是沙那欲界之主，也不是日月天子。他是太子悉达多，是净饭王的儿子。诸位仙人应当知道，所有众神的威德都不及太子。所以你们来到这里，神通有限，就不能飞越此树。"诸仙人闻护林神此言，便从天空降落至太子面前，各说了一些赞美的偈语。

（选自《大藏经·佛本行集经卷十二游戏观瞻品第十二》）

鬼子母改邪归正

鬼子母是老鬼神王般阇迦的妻子。他们夫妇有一万个儿子,个个身强力壮,鬼子母非常喜爱。最小的儿子嫔伽罗,不仅体格健壮,而且聪明活泼。最招鬼子母疼爱。

但这个鬼子母的慈爱、温柔只限于她的家中。对外,她则性情凶残,脾气暴躁,更可怕的是她最喜欢以小孩子为食。所以她常常到人间抓小孩子,活生生地当饭吃。四面八方的人们实在忍受不了这种丢子失女的痛苦,纷纷向佛求救。佛知此事后,便不声不响地把嫔伽罗抓来,扣在化缘用的钵下。

鬼子母发现自己心爱的小儿不见了,心急如焚,马上使出浑身解数,上天入地,四处寻找,整整找了七天。这七日中,她食不甘味,夜不成眠,哭哭啼啼,发了疯似的四处乱窜,可连孩子的影子也没发现。失望之时,听人说佛是世界上最聪明的,无所不知,无所不晓,便来到佛居之地,求佛帮助找自己的小儿子。佛看着焦急万分的鬼子母,沉重地说:"你有一万个儿子,才丢了一个,就如此伤心难过,悲痛欲绝,四处寻找。人间百姓有的有二三个儿子,有的只有一个独子,可就被你吃了。你想想人家的心情会怎么样呢?"

鬼子母听佛此言,惭愧不已:"我错了,只要这次老天爷让我找到嫔伽罗,我发誓再也不吃别人的孩子了。"于是佛掀开钵,把嫔伽罗交还鬼子母。经过这件事,鬼子母果然改邪归正,再也不伤害儿童了。从此,百姓们过着安居乐业的日子。

(据《杂宝藏经》卷九《鬼子母失子缘》改编)

狮敬染衣人　获福无量

有一天，佛对他的弟子阿难说："世间众生，如果有人因一念之差生起一种不善之心，那么，他就对三世佛、辟支佛、罗汉及着染色衣服（指和尚穿的袈裟）的诸沙门获罪无量。为什么呢？因为染色的衣服，是圣贤的标志。如果众生能发愿恭敬穿染色衣服的人，那么，他们肯定会获福难量。我自己正是由于从前一心恭敬穿染色衣服之人的缘故，今日才得成就佛果。"阿难就说："请您讲讲过去对染衣人生恭敬心的事情，好吗？"佛说："好吧！过去无量劫（"无量劫"为佛教计时的单位，表示很久很久以前）阎浮提这个地方有个大国，国王名叫提毗，在他治下有84000个小国。那时世间没有佛法，有位辟友佛，独居山中，坐禅行道。山中的各种野兽都来依附他，其中有一只名叫蹉迦罗毗的狮子，全身金色闪闪发光，精神抖擞，只吃山中野果绿草，从不伤害众生。当时，林中来一猎人，此猎人伪装成和尚模样，头剃的光光的，身上穿着袈裟，却把弓箭藏在里面，在林中徘徊，寻觅猎物。恰好看见蹂迦罗毗狮子在睡觉,便张弓用毒箭射它。狮子觉察有响动,猛然惊醒,瞅见有人欲加害于它,就跑过来反击。但当它发现猎人身着袈裟时,便立即止步,心想:染色衣服是圣贤的标志,着染色衣服的人肯定为善人。我如果伤害他,岂不是以恶心对待圣贤,这万万使不得,于是便退回,却被毒箭射中。不久毒性发作,临亡之时,狮子便口言偈语:'耶罗罗婆奢沙婆呵!'偈语声刚落,天地突变,没有云雾却大大震动,并降下血雨。诸位天神惊恐不已,急忙用天眼观察,发现林中猎人杀死了狮子,便落下天花,供养它的尸体。这时,猎人见狮子已死,便剥下它的皮,献给了国王提毗。国王一见狮皮金色闪耀,马上想到佛经上说过的话:'如果有野兽是金色的,那么它必定是菩萨。'便问猎人:'狮子死的时候,有什么瑞兆?'猎人如实回答。国王听后,悲喜交加,决心搞清楚狮子临终时所说偈语的意义。所以,立即召集诸位大臣、元老、学者等来到皇宫。其中有位隐居仙人,名叫奢摩,对国王解释道:'耶罗罗,意思是只有剃发穿染色衣服的人,在生死关头,能够得到解脱;婆奢沙,指圣贤形象,近于涅槃;婆呵,意思是应当受到一切诸天和世人的敬仰。'听了仙人奢摩对偈颂的解释,国王很高兴。他通知手下诸王,集中在王宫,制造华贵的七宝车张狮子皮,以示天人对狮子的恭敬爱戴。同时,日日烧香,天天散花,供养狮子皮。后来,又做了一口精制的黄金棺材,将狮子皮置于其中。数年后，将装有狮皮的黄金棺材放进专为供养它而建的塔中。这头狮子因不顾自己的安危而发善心对待染衣人，经十亿万劫，获福转作转轮圣王。"佛停顿了一下，又对阿难说："当时的狮子，就是我；当时的国王，就是今天的弥勒佛；当时的仙人，就是今天的舍利弗；当时的猎人，就是今天的提婆达多。"

（选自《贤愚经》第十三卷）

贪欲不戒　世世不得解脱

有一时期，佛陀和他的500名比丘弟子前往跋耆国，住在毗舍离城。当时，此地闹饥荒，颗粒无收，饿殍遍野，居民饥肠辘辘，僧人乞食更是困难。城里有个名曰耶舍的出家人，因难忍饥饿而常常回有钱的家中餐饮。其母见状，抱怨道："你这是何必呢？干吗如此自讨苦吃。咱们家有的是财物，随便你来化缘，何必挨饿；你也可以用这些财物去布施，供养佛、法、僧三宝；再说，你妻子孤单单一个人，你应当回来同她一起生活。"耶舍不为所动。过几日，耶舍回家讨食吃，母亲又唠叨说："你自己纵然不贪图世间的荣华富贵，也该为这个家留个后代。否则，我死后，无人继承家产，家产就会被官府没收。"耶舍经不住母亲劝诫，就答应了她留在家中。不久妻孕，一年后生一儿子，人们便称他为"续种"，甚至连财物都叫"续种"。已经出家在外的耶舍听说后，惭愧不已，就将此事告诉了舍利弗，舍利弗又转告佛陀。一天，耶舍和舍利弗一同来到佛处。佛陀语重心长地说："耶舍比丘，你怎么能够这样。僧人中还从来没有这种事，你可真是愚痴之极，犯下如此大罪！这种贪欲不但在今世对我们佛教和这个世界产生许多坏的影响，就是在过去世中也是一样。在过去世中，这个世界刚刚形成时，光音天有个人，轻躁贪欲，先来尝这个世界上的美味，其他众生，争相仿效。因这种贪念和贪行，众生身体沉重，神通渐退，光明渐逝。在俗世辗转轮回，不得超脱。这个先有贪欲之人就是耶舍的前身。"

接着，佛陀又叹声说道："耶舍之贪多少受到母亲的迷惑。这不仅在现在世是这样，早在耶舍的前几世时就如此了。"佛回忆道："很久很久以前，有个迦尸国，国中有一城叫波罗奈。迦尸国的国王布施持戒，用佛道教化世俗。但他却有一个贪欲心颇重的王后。有一天，王后闲坐仰望天空时，猛然看见一只金色的大鹿从南向北，凌空飞过，就想：'如果能弄到这个鹿皮做垫褥，肯定很舒服，就是死也没有什么可遗憾的；如果得不到，岂非枉做王后。'但转眼又想'这只金色的鹿一飞而过，根本就无法抓住。'这使王后顿觉一切索然无味，便脱去珍贵衣服，穿上破旧衣衫，离开华丽的住房，住进条件很坏的房子。国王忙完公务，回到后宫，不见王后，就问侍从。侍从答曰：'不知为什么，王后身着破衣，住到条件很差的房子去了。'国王惊诧之余，忙去探问：'怎么回事？什么人得罪了你？为什么要这样？'王后闭口不言。国王又派人去询问,还是不语。无奈,国王找到与王后关系密切的宫女,采取多种方法探询,终于使王后金口开言:'没人得罪我,只是有件心事,让我很烦恼,又不好开口说。'于是把看见金色鹿,想弄到它的皮做垫褥的想法说了出来。国王知道后,立即向大臣询问抓鹿之方法。大臣们说猎人也许有办法。于是,全国的猎人都被集中起来,国王命令他们立即紧急搜索。猎人们犯愁地说:'连金色飞鹿这个名字都没听说过,到哪儿去抓?'国王听后,生气地把他们关进监狱。正当大家一筹莫展时,有个叫耐阇的猎人心想:'我力大无比,勇敢无畏,能赶上奔跑的野兽,能射中飞翔的鸟类,并没有犯什么罪,却遭囚禁,太不公平!'就小心地问国王:'究竟有谁见过或者听说过这样的鹿?'国王看他这样问,认为他也许有办法抓住鹿,便带他去问王后。王后说:'我坐在楼上,看见它从南方飞来,向北方飞去。'这猎人通晓鸟兽的习性,听王后此言,就晓得鹿是在南方住宿,去北方觅食,应该到鹿觅食之处去搜索。

"经国王许可,猎人马上带上弓箭,向北方走去。不几天,来到了雪山。山上有个仙人,猎人把打猎的工具藏起来,到仙人处行礼问候。仙人让他坐下,并请他吃山果。猎人问道:'您在此地住了多久?'仙人说:'好几年啦。'猎人又问:'那您在这里见到过什么奇特的事情吗?'仙人说:'有啊!在这雪山的南面,有棵叫尼拘律的大树,经常有只金色的大鹿,飞到树上来吃树叶。'在仙人的指引下,猎人耐阇找到了那棵枝叶茂盛的大树。不久,就看见一只金色的鹿,好像大雁一样,从空中飞来,落在树上,吃饱树叶后,便又飞去。看到这种情景,猎人回去禀报国王:'我找到了那只会飞的金色大鹿。但网捕箭射对它无济于事,我没法捉住它。'国王听后无奈地说:'你还是自己去向王后说吧!'王后听后停了一会,对猎人说:'这样吧,你把蜂蜜涂在树叶上,渐次涂到下面设置罗网的地方。鹿寻着蜜的香味,依次向下吃树叶,直至罗网处,自然会投入罗网,活活被捉。'猎人依照王后所言行事,果然活捉了飞鹿。

"山中仙人目睹这一惨状,叹息道:'鹿虽能飞行,仍不能逃脱恶人的魔掌。'紧接着,仙人说偈道:

世间的大恶　莫过于香味
欺骗世俗人　和山林野兽
因贪着香味　受此苦恼患

"猎人把飞鹿带回王宫,国王非常高兴,烧香迎接。王后看见飞鹿,上去抱鹿,但由于过去世中她受情爱污染太深,一触飞鹿,飞鹿身上的金色立即全部消失。国王惊呆了,问王后:'这鹿身上的金色忽然消失了,怎么办呢?'王后见状,失望之极,无奈地回答:'它现在已是无用之物,放它走吧!'"

佛陀对周围的人说:"事实上,金色飞鹿,便是耶舍的前身。王后,就是耶舍母亲的前身。他们因为心存贪念,受轮回之苦,生生世世摆脱不了苦恼。然而至今还不觉悟,仍然贪着。真是不应该啊!"

(录自《僧祇集》第一卷)

白香象

古印度从前有两个国家,一是迦尸国,一是比提醯国。这两个国家战事频繁,彼此憎恨。特别是比提醯国国王养了一头大香象,力大无比,勇猛善斗,因为有了它,比提醯国屡战屡胜。处于劣势的迦尸国当然不甘心,其国国王也动员全国上下四处寻找勇猛善战的大香象,试图以之与提醯国决一雌雄,打败他们的军队,杀杀他们的锐气。

终于有一天,有人向迦尸国国王报告:"我在山中发现了一头大白香象。"国王一听,顿觉精神振奋,立刻命士兵贴出告示:"抓回白香象者,重重有赏。"常言道,重金之下,必有勇夫。果然有不少人聚集起来,入山捕象。

山中的白香象得知这一消息,心想:"我父母皆年事已高,而且双眼都瞎了,他们的生活全靠我照料。如果我逃去,父母怎么办?谁来照顾他们?还不如顺从这些捕象人,先跟他们到王宫去再说。"所以,当捕象人来时,它就顺从地让他们抓住,带回王宫。

国王见这头大白香象骨骼清奇，身材高大，神力惊人，高兴极了。专门派人为它修造了高大漂亮的房屋，屋中各种设施一应俱全：地上铺着柔软的地毯，漂亮的桌上摆着许许多多各种各样的食物，一旁还有许多乐师弹奏美妙的乐曲。可白香象对面前的一切却无动于衷，它默默地站着，不吃不喝，好像看不到屋中华丽的装饰，闻不到可口的饭香，听不见美妙动听的乐曲。守象人见状，慌忙跑去报告国王。

　　国王亲自来到象房，问道："你为什么不吃饭？"白香象沉重地说："我林中有父有母，它们年高眼盲，生活全靠我料理。如今，我被你抓到这里，再也无人为它们送水送草了。它们在山中没吃没喝，我在这儿怎么吃的下？"接着又对国王说："我身怀绝技，如果想走，大王所有的军队也奈何不了我。我是为了年老眼盲的父母才顺从地跟着大王派出的捕象人来的。如果大王您今天能放我回山，那么，等我侍奉父母天年之后，一定来为大王效劳。"

　　国王听了白香象这番肺腑之言，特别感动，心想："多么了不起的一头大象，和它相比，我们成了人头之象，而这大象却是个象头之人了。"原来，迦尸国历来有个不好的风俗——对年老的父母非常不恭敬，人们都讨厌老人，对他们呼来喝去的，根本谈不上供养。白香象的言行使国王猛然悔悟，他立即下了一道命令：凡是不孝顺恭敬父母的，一律治罪。并把白香象放回山林。

白香象回到山中父母身边，对它们细心照料。待到父母百年之后，就践约来到迦尸国。国王见白香象这么守信用，主动来为他效劳，高兴极了。当然，他也没忘当初捕猎白香象的目的，没忘向比提醯国报那一箭之仇。立即厉兵秣马，装点齐备，准备在白香象带领下与比提醯国决一死战。

白香象见状，就对国王说："打仗总不是好事，一旦打起来，难免会有死伤，所以劝大王还是不要打仗为好。"国王说："比提醯国国王欺人太甚，仗着自己有一头香象，总是欺负我国，我要报这个仇。"白香象说："这样吧，你让我到比提醯国去一趟，我有办法治服他们，保证他们从此再也不敢欺侮你。"国王担心地问："你要去了，被他们扣下，回不来怎么办呢？"白香象笑着回答："你就放心吧！没有任何人、任何力量能够阻挡我。我一定会回来的，你就等着好消息吧！"

于是白香象只身来到比提醯国。比提醯国国王听说这么神奇的一头大白香象主动来到自己国家，喜出望外，以为从此增加了一个征伐四方的得力干将，高兴地亲自出城迎接。见到白香象后就说："你以后就住在我国吧！我会以最优厚的待遇来对待你。"白香象说："我从小遵守誓约，言而有信是我的一贯原则。来贵国之前，我已答应过迦尸国国王一定要回去，所以，我不会留住你们国家的。到这儿来，我只是想对您说几句话：你们两个国家战事频起已有多年，如果能消除前嫌，停止战争，彼此和睦相处，各自好好地治理自己的国家，让百姓安居乐业，岂不更好吗？何必要你征我伐呢？"说罢念了一首偈颂：

　　胜者徒招怨，

　　负者更忧苦。

　　不争胜负者，

　　快乐又幸福。

比提醯国国王听后，知道白香象的决心不可动摇。再说，如果这头大象在战斗中帮助迦尸国，那自己是绝对会输的。加之他自己也觉得白香象所言很有道理。便答应了白香象要求和平的建议，并派遣使者与白香象一同来到迦尸国讲和。

从此以后，迦尸国和比提醯国和睦相处，两国人民免除了战争之苦，都过着和平幸福的生活。

（据《杂宝藏经》卷二改编）

【说明】

佛教对象十分尊崇。《涅槃经》中，将象王比做佛，以象喻佛性。众所周知的"盲人摸象"的故事，就出自《涅槃经》："尔时大王，即唤众盲各各问言：'汝见象耶？'众盲各言：'我已得见。'王言：'象为何类？'其触牙者即言象形如芦菔根，其触耳者言象如箕，其触头者言象如石，其触鼻者言象如杵……其触尾者言象如绳。"这里就是以象比喻佛性，盲人比喻无明众生。《法苑珠林》也以象喻佛："佛有八十种好相，进止如象王，行步如鹅王，容仪如狮子王。"

据说古代印度的国王都很尊重象，所以被称为"象尊国"。佛教开始传入中国，最初也是象驮佛经来东土的。《华严玄谈》言"鹫岩西峙，象驾东驱。"说的就是这个典故。象既有驮经传教的功劳，所以，中国佛教也很尊崇象。在佛教寺院中，人们常能见到它的尊容：普贤菩萨的坐骑是白象；还有一种做成象的形状，用以烧香的象炉，放置在道场的入口，进香者跨过象炉进入里面，有熏身使身体清净的用意。之所以这样，据说是因为象身具香气的缘故。

象有庞大、坚实的身躯，有庄严、沉稳、泰然自若的仪表，有威武不屈的性格，它被喻作佛并受到佛门的推崇，也在情理之中。

乌龟与水狗

佛在世的时候，有一道人，在河边树下修行。但由于他心存杂念，贪欲很多，所以思想总是无法集中，一会儿想想这儿，一会儿想想那儿。身体虽然静坐树下，心念却已不知何处，如此一刻也不宁静，根本无法悟佛道。所以，尽管已经修行了12年，依然没有得道。

佛陀对他观察已久，见他多年修行并不得法，就变成沙门来帮助他。他们共宿树下，一起修道。有一天晚上，皓月当空，一切都披着月色，显得格外宁静、美丽。这时，有只乌龟从河中慢慢爬到树下，安然静处。不料，过来一只正在觅食的饥肠辘辘的水狗，看见乌龟，就上前扑食，乌龟机警地马上把脑袋、尾巴、四只脚统统缩进龟壳，使水狗无法得手。水狗只好无奈地走开。看着水狗远走它处，乌龟才伸头出脚，照样行走。乌龟用这种方法使它自己脱离了危险。看到这儿，化身沙门的佛陀对道人说："你看那个乌龟多么聪明，知道用龟壳保护自己的性命。而我们世间的人，还不如这只乌龟，因为世人放弃自己的智慧，放纵欲念，贪恋红尘虚幻的东西，使天魔有机可乘，残害身体，毁坏神识，在生死中循环，在五道中轮转，受千万种苦痛，被烦恼缠身。真是不值啊！"接着对道人说了许多劝勉的话，并送他一偈语。道人听后，贪想断除，顿觉开悟，得罗汉道。后来当他知道与他共修道的沙门是佛陀化身时，更是感念至深，叩头接足顶礼。

（录自《法句经》譬喻第二）

佛视病人 爱如亲子

佛陀有一段时期在舍卫国传道授法。舍卫国有一位长者,信佛敬佛,经常供养佛及众僧。这一天,他又请佛及众僧去受供养。佛向长者致歉道:"今天我需给诸天说法,还要去看望病人,不能前往,请勿见怪!"长者见佛陀如此说,也不好勉强,就领着众比丘去了他家。

众比丘走了以后,佛陀拿钥匙打开一间房门去找东西,却看见一个比丘患病卧床,病得很厉害,大小便都不能自理,更无法自己转动身体,看样子很痛苦。佛陀急忙上前关切地问:"你怎么啦?有什么病苦?哪儿不舒服?"比丘有气无力地说:"我生性愚昧、常起懈怠和傲慢心,从来不帮助别人,不关心别人。所以,今天病成这个样子,连个来看望我的人都没有。眼下,我实在是孤单穷困,无处依靠。"佛陀见状,慈悲怜悯之心油然而起,赶紧上前,亲自把他抱起来,清除床上的污秽,洗涤坐具;并给他洗澡换衣,铺设干净坐具;又把他抱回房中,为他诊断,亲自给他按摩。等他轻松舒服一些时,佛陀语重心长地说:

"如果以后你不努力修持，死了还要受更大的苦！"接着，耐心地给他讲解佛理，劝勉他持之以恒，勇猛精进。

不久，众比丘从长老那儿回来，佛将他们召集起来，讲道："你们比丘，出家在外修行，没有父母兄弟，也没有姊妹宗族，彼此不互相帮助照应，这是不应该的！佛法平等，众生平等，大家应该互相照应，互相帮助，上下和睦，亲如家人。从今天起，在我们佛教中立一项规定：弟子侍奉师父，如同侍奉父母，至死不应舍离；师父对待弟子，视同儿女，随时将息，至死不应舍离；师徒互相慈爱，弟子之间，关怀友爱如同兄弟姊妹。所有财产，平等分配；如果没有，应当多方去化缘。如果有谁生病，大家都应照顾。照顾病人，就等于照顾自己，所获得的功德，不会减少，只会增加。"

众比丘听了佛陀这番话，觉得很有道理，心服口服，都照他说的去做。患病的比丘，更是感动，对佛法的领悟更加深厚，加上他从此后修行不已，命终后得"无余涅槃"。

（选自《佛看比丘病不受长者请经》）

何为"苦"之根本?

有一天,舍卫国的四位比丘,围坐树下,在一起共同讨论"一切世间,什么最苦?"这个问题。其中一个比丘说:"我认为,世间的苦莫过于淫欲。"另一个说:"我认为,世间的苦莫过于饥饿。"第三个比丘说:"都不是,我认为,世间的苦,莫过于憎恨。"最后一个比丘说:"唉,你们都说歪了。我认为,莫过于恐怖。"他们各持己见,争论不休,得不出个结论。

恰巧这一时期,佛陀也住在舍卫国,知道这件事后,就前去帮助他们。四位比丘见佛陀来到他们身边,忙上前施礼叩拜,并争着向佛陀阐述他们的观点。佛说:"你们四位各自的主张都只看到了问题的一个方面,或者说,只看到了问题的表面,却没有触及问题的本质,也就是说,没有触及'苦'的究竟意义。世间的苦,莫过于有身体。你们想想,饥渴寒热、憎恨恐怖、色欲怨祸,等等,哪一样不是从身体而来。身体原是一切苦的根本,是祸患的器具。劳心极虑,忧惧万端,甚至相互残杀,在三界中蠕动,生死不息,都是由于身体的缘故。要想脱离世间的苦,应当摄心守正,认识到世间本'无我',不执着于'我',泊然无想,这样就可脱离苦海,这才是最大的快乐。"接着,又给他们说偈颂,讲解其中佛理。最后,佛陀还给他们讲了发生在前几世的一件事情。

过去久远无数世时,有位王通比丘,名叫精进力,经常在山中树下静坐修行。当时有四鸟兽,依附在他身边,常常得到安稳。这四鸟兽是:鸽子、乌鸦、毒蛇、鹿,它们白天外出四处寻觅食物,夜晚回来住宿休息。一天夜晚,四鸟兽相互讨论"世间的苦,哪一种最重?"的问题。乌鸦抢着说:"饥饿的时候,浑身无力,两眼昏花,心神不安,这个时候,只要看到吃的,哪怕已经发现那儿有陷阱,也会不顾一切地扑过去,自投罗网。我们乌鸦断送性命大多因此而来。所以,我觉得,世间的苦以饥饿为最。"鸽子摇摇头否定道:"不对,我觉得世间的苦莫过于淫欲。淫欲的火焰,使人丧失理性,无所顾忌,结果导致害身丧命。"毒蛇慢条斯理地说:"你说的也不对,我觉得,憎恨的念头一旦产生,会使人不顾亲情,不顾友爱,做出害人害己的事情。所以,世间的苦,最重的是憎恨。"最后,鹿发言了,它说:"我在山林中,心里常常很恐惧,害怕极了。既怕猎人追杀,又怕虎狼扑食,听到有一点响动,就不顾一切的惊惶奔逃,也不顾前面是大道还是悬崖。结果常常因落崖而全家丧命。一想起这些,我就肝胆痛裂。所以，在我看来，世间的苦莫过于恐惧。"五通比丘精进力听到这儿，忍不住开悟它们说："世间最大的苦，莫过于有身体。它是苦的器具，装着无穷的忧愁恐怖。我认识到了这一点，才舍俗出家学道，息灭妄念，不贪恋于我身，断除苦的根源，以求最后解脱。只有这样，才可永除忧患，获得最大的安稳。"四鸟兽听罢，心中顿觉明晰，悟得真谛。

讲完这件事情，佛陀对四位比丘说："当时的五通比丘，就是我。四鸟兽，就是你们四位，前世已经听过关于苦本的道理，怎么今天还这样说？"比丘们听后，惭愧不已，从此专心发奋修道，证得罗汉道。

（选自《法句经》譬喻第四卷）

鹿 王

很久很久以前,一座森林里有一只雄奇的鹿王,它身材高大魁梧,顶角挺拔雄伟、双目炯炯有神,四蹄温润如玉,遍体长满了五彩缤纷的绒毛。这只鹿王手下有几千头梅花鹿,一起生活在这片山清水秀的好地方。饿了吃林中的嫩叶鲜花,渴了喝溪中清澈的泉水,彼此互助友爱,过着无忧无虑、自由自在的日子,大家都觉得十分幸福。

然而,好景不长。在离森林不远的地方,有一位喜食鹿肉的国王,这天,他的一位手下打听到森林中有鹿群,前来报告。国王听后兴奋地说:"太好啦!以后再也不用为吃不着鹿肉犯愁了。"立即下令去森林中打猎。他带领许多士兵,牵着猎狗,架着猎鹰,把森林团团围住,命令士兵向毫无防备的鹿群放箭。突遭袭击,鹿王赶紧带领鹿群东奔西突,狼狈逃命,好不容易才算逃出了包围圈,但伤亡惨重,不少鹿是死于士兵的弓箭之下,还有一些被士兵活捉;还有些是在逃命时不慎落崖,堕入陷阱而亡;逃出的许多鹿也受了伤。看到鹿群死的死、伤的伤,鹿王心中非常难过。它原以为经过这一次灾难，鹿群可以过一段安稳的日子。可是，没想到，才过几天，国王又来打猎，鹿群又受到一次损伤。面临这种惨局，鹿王心想："我身为鹿王，应当保护鹿群不受损害。这帮人隔三差五就来猎鹿，我们应该离开此地避开他们。如果为了贪图这儿丰美的水草，呆在这儿不走，反而会使大家都受到伤害，这岂不是我的罪过！"可是能迁到哪儿去呢？鹿王挖苦心思考虑去向，结果也没想出一个合适的地方。这儿毕竟是它们长期生活的地方，哪儿都没有这儿的草肥，哪儿都没有这儿的水清。无奈之下，鹿王决定亲自找国王谈判，便动身来到王城中。

城中的老百姓猛见到这么一只雄奇神异的大鹿健步傲首入城，十分吃惊。他们还以为是他们的国王心地善良，为人慈悲，专行仁政，才感动得圣鹿来朝。所以大家都觉得这是一件非常吉祥的事，也就没人来捕捉或阻拦鹿王。

鹿王顺利来到王宫，见到国王，参拜行礼，然后说道："我们在大王的国境内生活，实指望能得到大王您的荫庇，安居乐业。没想到近来经常遭到猎人的袭击，每次都有许多鹿死伤，损失惨重。听说大王喜欢吃鹿肉，我们也不敢逃避。只希望大王能告诉我们，每天需吃几头鹿，我们一定互相推选，每日如数自愿前来，绝不欺骗大王。希望大王别再派人去林中捕杀。老天爷是慈悲为怀的，万望大王能可怜体恤我们。"

国王听了鹿王这番发自肺腑的话语，心中又是惊诧，又是惭愧，还有些感动。便对鹿王说："其实御膳房每天只用一头鹿就足够了。没想到为了每天一头鹿去打猎，让你们死伤这么惨重。如果真像你说的每天有一头鹿自动走进我的御膳房，我发誓再也不到森林中去打猎了。"

鹿王说："好吧！那我们就这样定了。"它辞别国王，回到森林中，把所有的鹿都召集到一起，向大家宣布了与国王谈判的结果。鹿王说："从此以后，每天只要有一头鹿能为了集体献出自己的生命，那么，其他的鹿就可以过安稳的日子了。否则，国王隔三差五派人来打猎，大家都没法安定地生活。"鹿群听了鹿王的话，觉得它说得有道理。于是大家自动排定了去国王御膳房的次序。从此，每天都有一头鹿自动来到王宫中，国王也没再到森林中打过猎。每一位轮到去国王御膳房的鹿，在动身前都要到鹿王面前来辞行。鹿王每次总是流着泪勉励、宽慰它们："纵活百岁，总有一死。你是为了集体牺牲生命的，是光荣的。你不要害怕，不要怨恨，安心地去吧！"

日子就这样一天一天地过去了。这一天，轮到一头大母鹿去送死了。但这是一头身怀有孕，眼看就要分娩的母鹿，她抚摸肚中胎儿，心想，轮到我进御膳房任人食用，我自己都毫无怨言，然而肚中的胎儿还未生下，就要随我而去，这未免不合情理，太残忍了。想到这儿，她来到鹿王处，跪下哭求道："大王，并非是我贪生怕死，我腹中的孩子是无辜的,它有生活下去的权利啊!还求大王宽限几天,让下一个先去。等我把孩子生下来,一定马上去御膳房。"下一头鹿一听说要自己先去,跪在鹿王面前叩头哀求道:"大王!到该我死的那一天,我绝不会有二话。但按次序我还应再活一天一夜。请让我活够这一天一夜,我才死而无怨。"鹿王听后,左右为难,让母鹿去吧,一下子便害了两条性命,让另一头鹿去吧,还没到该它去的时候。考虑再三,便让那两头鹿都退下,毅然决定由自己代替母鹿前去。

鹿王来到御膳房后,跪在地上,引颈待宰。厨师正要下手,一瞧,这不是上次来与国王谈判的鹿王吗?它今天怎么亲自前来受宰?觉得非常奇怪,就跑去报告国王。国王也甚觉诧异,命令手下把鹿王带来,问道:"为什么你今天亲自前来?"鹿王把事情的经过说了一遍。国王听了,感动得流下泪来,说:"真没想到一头牲畜还会这样杀身成仁。我是一个人,而且贵为一国之君,却每天要宰一头鹿以饱自己的口福。我真是连这鹿王也不如啊!"立即让厨师把鹿王放了,从此戒吃鹿肉,并下令全国军民,从此以后,无论什么人都不准伤害鹿,若有犯者,严惩不贷。

鹿王回到森林,又和鹿群一齐过起了无忧无虑的生活。

(据《六度集经》卷三《鹿王本生》改编)

【说明】

《西域记》中将上面故事中的鹿王直接说成是释迦牟尼佛，原文是这样的："波罗尼斯国大林中有窣堵波，是如来昔与提婆达多俱为鹿王断事之处。昔于此处大林之中，有两群鹿，各五百余。时此国王畋游原泽，菩萨鹿王前请王曰：'大王校猎中原，纵燎飞天，凡我徒属命尽兹晨，不日腐臭无所充膳。原欲次差日输一鹿，王有割鲜之膳，我延旦夕之命。'王善其言，回驾而返。两群之鹿，更次输命。提婆群中有怀孕鹿，次当就死，白其王曰：'身虽应死，子未收也。'鹿王怒曰：'谁不宝命？'雌鹿叹曰：'吾王不仁，死无日矣。'乃告急菩萨鹿王。鹿王曰：'悲哉！慈母之心，恩及未形。吾今代汝，'遂至王门。道路之人传声唱曰：'彼大鹿王今来入邑。'都人士庶莫不驰观。王闻之以为不诚。门者白至，王乃信然。曰：'鹿王何遽来耶？'鹿曰：'有雌鹿当死，胎子未产，心不能忍，敢以身代。'王闻叹曰：'我人身鹿也，尔鹿身人也。'于此悉放诸鹿不复输命。即以其林为诸鹿薮，因而谓之'施鹿林'焉。"

据说，释迦牟尼佛最初就在鹿野苑传教，说"四谛"之法，度憍陈如等五个比丘。鹿野苑简称鹿苑，是古来仙人始说法之处，所以又叫"仙人论处"；也是仙人的住处，所以又叫"仙人住处"；过去有五百仙人看到王的婇女，引起了欲心，失去了神通，堕于鹿苑，所以又叫"仙人堕处"；又是鹿群的住处，所以又叫"鹿林"；梵达多王以此林施鹿，所以又叫"施鹿林"。因此，佛教向来对鹿另眼相看，备加尊崇，甚至以鹿王喻佛。

此外，鹿还有成为菩萨的，叫做"鹿菩萨"。其角白如雪，其毛有九种色彩，能救人性命。《九色鹿经》中记载："昔有一人为水漂溺，或出或没。时有鹿，角白如雪，其毛九色，入河救人，命得存。后王索此鹿，知者重赏。其人示处，将杀鹿。时其人著癞，王问知其故，不杀鹿，其人乃废心。"

据说，释迦牟尼入山苦行时，曾穿过鹿皮衣。《瑞应经》记载：……太子决定出家，就去山中修行。行程十里有余，遇见二位猎人。太子心想：我现在已出家，身居山林之中，不应该还像凡人那样锦衣美食，一幅多念多欲的样子。想到这儿，就把身上穿的宝贵衣饰，包括珍贵的裘皮大衣一齐脱下，交给猎人，换回一件鹿皮，权作衣服。《止观》记载："雪山大士，绝形深涧，不涉人间，结草为席，被鹿皮衣，无受持说净等事。"总之，佛陀与鹿有着诸多联系，佛门敬鹿、爱鹿也势在必然。

檀弥离

有一段时期,世尊佛陀住在王舍城的竹园中。当时,拘萨罗国有一位长者,名叫昙摩贯质。他虽拥有万贯家财,然膝下却无一儿半女。为此,他经常虔诚地向一切神灵祈祷,保佑他,赐给他一个儿子。他的诚心感动了神,不久妻子有了身孕,十月期满,果然生了一个白白胖胖的男孩子。别提长者有多高兴了,他特地请来一位相师,为孩子看相取名。相师看见男孩子长得端庄美丽,有一副福德瑞相,便给他取名为"檀弥离"。

作为父母的掌上明珠,檀弥离幸福快乐地成长着。十几年一晃而过,檀弥离也长大成人。此时年迈的父亲辞世,离他而去。波斯匿王便把父亲的爵位封给他。这时,奇怪的事情发生了,受封之日,父亲留下的宅舍房屋一下子全变成了七宝,各个仓库里也都充满财物,檀弥离一家过着衣食无忧的生活。

这时,波斯匿王的王子得了纯热病,被折磨得非常痛苦。国王连忙请来各方名医诊治,医生们说,此病只要用牛头栴檀涂在王子的身上，病即可痊愈。国王听闻此言，马上诏告全国："有牛头栴檀者，请速送王宫。黄金千两酬谢。"谁料，却无人前来献送良药。

后来，有人报告国王说："檀弥离长者家中，有大量的牛头栴檀。"国王听罢，立即登上马车，亲自驾临檀弥离家。檀弥离忽闻国王亲临，立即出门迎接。

国王一进檀弥离家，首先映入眼帘的是银做的外门，信步入内，看见有个美丽万千的女子，正坐在银做的床上纺银线。在她左右还有10个小女子侍立，便问长者："纺银线的那位是你的妻子吗？"长者笑着回答："不是，她是我家守门的女婢。"国王奇怪地问："那她左右侍立的小女子是干什么的呢？"长者回答说："她们是通报消息的信使。"

边说边走，不知不觉，他们一行来到中门。中门是一座纯绀琉璃门，门内也有一位美女，比外门的那个还要漂亮，她正坐在琉璃床上纺琉璃线。左右侍立的小女子有20个，看着很气派。

出了中门，便是最里面的内门。国王一看，这是一座纯黄金门，门内大厅有一金床，金床上坐着一位比中门的美女还要漂亮的姑娘，她正在那儿纺金线。左右侍立的小女子，又比中门多一倍。国王心想："这位该是长者的妻子了吧！"就问长者："这是你的妻子吗？"长者回答："不是。"

最后，国王来到房子里面。这儿的一切更使国王大开眼界，地面是琉璃制成的，清澈的好似一池绿水；四周墙壁上雕刻着各种野兽和水中动物，微风一吹，墙上画面倒映地面，就如同真的一般。国王以为屋子里有一个清水池，便问："难道再没有地方了吗？为什么要在殿内砌个水池？"檀弥离笑着说："这不是清水，是绀琉璃。"说着，摘下手指上的七宝戒指，往地上一掷。国王这才看出屋子地面是绀琉璃的，心中十分欢喜。

到七宝殿前，长者向国王介绍了坐在绀琉璃床上的夫人，夫人含首施礼。夫妻俩请国王就座高妙之床。落座不久，国王发现美丽华贵的长者夫人满眼含泪，便问："你为什么流泪，难道有什么事情让你不开心吗？"夫人答曰："国王亲临我处，我高兴还来不及呢？怎么会有不开心。只是大王您衣服上有些烟味，熏着我的眼睛，实在忍不住才这样。"国王奇怪地问："你们家中难道不点火燃柴吗？"答曰："从不点火燃柴。"国王问："那你们怎样煮饭？"答曰："吃饭时间一到，自然就有百味饮食。"国王又问："天黑后，用什么照明？"答道："有摩尼宝珠，此宝珠光亮无比，即使闭上门窗，室内像白天一样明亮。"国王听后，称赞不已。

这时，檀弥离跪在地上，问国王："何事劳大王驾临我们这里？"国王说："我的儿子患纯热病，很厉害，需用牛头栴檀来治疗。听说你处有此物，故特来索取。"檀弥离听罢，立即领着国王来到仓库，打开房门，指着无数的牛梅檀对国王说："需要多少，请国王随便拿吧！"国王说："二两就够了。"长者当即折下一块，不多不少正好二两。国王派侍从马上送回王宫，给王子服用。

国王感谢长者的帮助，并对他说："你应该去见佛。"长者问道："什么是佛？"国王说："你没听说吗？迦毗罗卫国净饭王的儿子，为了解脱世间众生生、老、病、死之苦，出家学道成功，号称佛。他有三十二种妙相，八十种好，一切全知，无所不能，智慧无双，在人和神中都是至尊至高的。所以是佛。"

长者听罢，对佛产生深深的敬意，恨不能立即去见佛。就问国王："佛现在住在哪里？"国王说："现在住在王舍城的竹园中。"

檀弥离送走国王，就去拜见佛，见佛的尊颜比国王还要庄严，心中十分喜欢，立即叩头行礼，向佛问好。佛为长者说法，使他得须陀桓道。长者跪合掌，请求出家。佛即准许，让比丘高僧为之剃发，穿上法衣，并为他重新讲解四谛真理。檀弥离长者专心苦修，尽除心中一切杂念，证得阿罗汉果。

佛陀弟子阿难和其他比丘，看到这种情况，很觉诧异，也有些不服气，就合掌问佛："檀弥离比丘有什么功德？生于凡人之中，接受国王的福禄，富贵荣华无可比拟，出家后没多久，就得到了阿罗汉果这样高深的道果。

这一切究竟是为什么？"

佛告诉阿难他们说："你们好好听我讲吧！在过去九十一劫时，世界上有个名叫毗婆尸（佛教传说过去七佛中的第一佛，意译为净观，胜观）的佛。他圆寂之后，门下的五个比丘，想找一个清静的地方共同修行。不久他们找到了一个适合修行的好地方，这是一片美丽茂密的树林，林边还有一个湖，湖水清美干净，他们高兴极了，便开始修行。然而，一个很实际的事情难住了他们：这个树林湖泊离城很远，乞食很辛苦，如果没有专门一个人去寻找食物，他们就得天天饿肚子。这时，有一位比丘自愿承担这项工作。他独自到众人集居之地，劝大家捐赠布施，每天为比丘送一些吃的。那四位比丘因此而得以专心修习，只用了九十天，就获得了道果。大家都感谢要饭供养他们的比丘，并说：'多亏你一人劳累，使得我们饮食无忧，可以安心修习。现在，我们心中的愿望已经实现，你有什么愿望，就请对我们说吧！'那个比丘说：'你们要使我在未来的日子里富贵闻名于天上人间。我所希望获得的财物，要能不费气力地自然得到。饥饿时，食物自然出现，想吃什么，就有什么。夜晚不用点灯，房子就能亮如白昼。遇见超过你们千万倍的圣师，如果我想随他学法，就能够很快获得道果。'那四位比丘说：'好吧！你的愿望我们都会帮你实现的！'"

说到这儿，佛问阿难他们："你们知道那个比丘是谁吗?"阿难摇摇头。佛说:"他就是今天的檀弥离。因为他供养了四个比丘,所以,不管什么时候,无论他生在天界,还是活在人间,都非常富贵尊荣。今天见到我,也就能获得这样高的道果。"

阿难及其他比丘听佛这么一说,彼此相互鼓励,勤奋学法。不久,都证得道果,实现了自己的愿望。

(选自《贤愚因缘经》)

摩诃罗学舌遭罪

从前,舍卫城中有一位大富翁,家中的金银财宝多得数都数不清。他为人也很豪爽大方,经常请僧人们去家中吃饭,受他供养。这天,他又请僧人去赴斋,一是因他向来信佛、敬佛。二是因为今天他家喜事接连而至:先是派出去入海贸易的商人安全返航,带回来很多珍宝;再是国王对各部落进行封赏,把好几个村庄和许多财宝分封给他;最后是他的夫人十月怀胎,终于在这天分娩,生了个大胖小子。

僧人们陆续赶来,大富翁忙着迎接。忽然,他看见释迦牟尼佛的大弟子、号称"智慧第一"的舍利弗也来了,十分高兴,对大家说:"舍利弗亲临寒舍,今天我可真算是四喜临门啊!"大家都站起来恭喜大富翁,向舍利弗致礼。

不一会儿,富翁请大家享用丰盛的午宴,吃完饭后,富翁又端上水来,并特意在舍利弗面前摆上小床座,请舍利弗坐下,给大家说法。舍利弗欣然答应。说法结束时,特意对富翁念了一首偈语表示祝福：

今天吉利很好报，

种种喜事全来到。

欢天喜地心舒畅，

信心大发生十力。

祝愿今后常如此，

祝愿今后常吉祥。

富豪听了祝词，心中无限欢喜，忙取出两张上等毡毯送给舍利弗。但对跟随舍利弗的摩诃罗等其他人却没有什么布施。

摩诃罗回到寺庙，心中闷闷不乐，暗想："为什么舍利弗能得到那两张上好的毡毯，而我却得不到呢？……对了！他之所以能得到布施，是因为他的偈语获得了富翁的欢心。我也应当学习这首偈语。"于是，他马上找到舍利弗，请他把在富翁家念的那段祝词教给自己。舍利弗对他说："这段偈语有的场合适用，有的场合不适用，是不能随便乱用的。"有些不愿教他。但摩诃罗缠住他，一定要他教授。舍利弗不好推辞，也不知道摩诃罗想学这段偈语的真实用意是什么，便教给了他。

摩诃罗承蒙舍利弗教会偈语，如获至宝，连忙拼命背诵，直到背得滚瓜烂熟。心想："什么时候，我带领众僧出去赴斋时，就念这一偈语。"

不久，大富翁请他到家受供养。可是这一次，富翁家连续遭到好几件不如意的事：商船入海贸易，中途遭遇不测，船只倾覆，财产损失殆尽；富翁的妻子因一些事正在和别人打官司；儿子因病今日不幸离他而去。这一天是个祸不单行的日子，富翁心里很难过。然而摩诃罗却不分青红皂白，把舍利弗教他的偈语念给大家和富翁听。

富翁一听火了："这个和尚，我遇到倒霉事，你反倒诅咒我、讥笑我，还说什么'祝愿今后常如此。祝愿今后常吉祥。'"立即呼出家丁，把摩诃罗痛打一顿，推出大门之外。

摩诃罗没头没脑地挨了一顿揍，心中十分懊恼，糊里糊涂地走进国王的一片胡蔴地。因为心不在焉，踏坏折断了不少苗秆。看守胡蔴的人见一个和尚进地这么瞎闹，气坏了，举起鞭子就把他打了一通。摩诃罗问："我有什么过错，你这样打我？"看守的人说："左边就有路，你不会绕着走吗？干吗要踏进国王的胡蔴地？你自己瞧瞧，你把胡蔴糟踏成什么样子了！国王知道非生气不可！那时他可饶不了我！"说罢，气势汹汹地又要抡鞭子。摩诃罗也觉自己不对，一声不吭，赶紧逃走。

没走几里路，摩诃罗看见一块麦田。田主正在收割已成熟的小麦，并把它们堆成大堆。摩诃罗经过这些麦堆时，心里记着胡蔴地看守的话，特意从左边绕着走。没想到当地有个风俗，遇到麦垛，应从右边绕行，有时还要供上饮食，象征吉祥，并求来年大丰收。如果从左边绕着走，那是非常不吉利的。田主看见摩诃罗从左边绕行，大为生气，提过棒子追过来就打。摩诃罗被打得莫名其妙，一边躲闪，一边责问："你这个人怎么回事，好不讲理！我又没惹你，你为什么上来就打？"田主说："你为什么不从右边绕着麦垛走，并口念'多入，多入'，祝我们来年丰收；反而从左绕着麦垛走，咒我们不吉利？这难道还不该打吗？"

摩诃罗听罢立即改右绕，并口念"多入"，赶快离开麦田。不一会，来到一片坟地，有人正在那儿伤心地埋葬死去的亲人。已挨了三次打的摩诃罗心想："这次小心点，别再挨打。"便依着麦田主的话，从右绕着坟头走，嘴里还不住地念："多入！多入！"送殡的人一听气坏了，说道："这个和尚，我们家已经死了亲人，你不表示哀悼也就罢了，怎么还敢诅咒我们多死几个。"抓住他又打了一顿，边打边说："你应说'从今以后，再别这样'，记住了吗？"摩诃罗边逃边道："记住啦！记住啦！"

摩诃罗拖着遍体鳞伤的身子往寺庙赶。走了不一会，碰见一个人娶亲，迎亲的人们个个喜气洋洋，吹吹打打，又说又笑，十分热闹。摩诃罗一见有人，就胆战心惊，生怕再挨打。想起刚才送殡人的话，赶紧哭哭啼啼，一脸悲伤地说："从今以后，再别这样！从今以后，再别这样！"娶亲的人看见他这副丧气的样子，又听他说了这么一句晦气的话，非常生气，就用棍棒劈头盖脸地将他揍了一顿。

可怜的摩诃罗好不容易躲开棍棒，心有余悸地狂奔不已，没想到前面有人张着一架大网，正在捕雁。根本就顾不上看路只顾着逃命的摩诃罗一头撞了进去，不仅吓跑了大雁，还撞破了大网。猎人自然怒气冲天，知道和尚没钱，不可能赔偿损失，只好抓住打一顿出气。摩诃罗已经跑得上气不接下气，只好苦苦求饶："我今天很倒霉，总是挨打，一路上已经挨打好几次了，精神恍恍惚惚，一心只想着赶快回到寺庙，不小心碰到了你的网，实在对不起。请你抬抬手放了我吧，别再打了。"猎人这才放开手，说："看你这副狼狈相，就知道你这个人很鲁莽。以后，看见有人打猎，你就应该趴下来，爬着前进。知道了吗？"

摩诃罗边应着"知道了"，边往前走。过了一会，看见前面有个人蹲在河边。心想："他蹲在那儿干什么？莫非也在打猎？我还是小心为妙，别再挨一顿打。"他依照猎人的教训，连忙趴下，四肢着地，轻轻地、轻轻地往前爬。那个人原来是在河边洗衣服，觉得身后有动静，猛一回头，只见一个和尚贼头贼脑地正从地上往过爬，以为是个偷衣服的小偷。一把抓过来，抡起捶衣棒就打。摩诃罗忙叫饶，说明理由。洗衣人虽然住了手，但对摩诃罗的话仍将信将疑，说："行了，别啰嗦了，当和尚不守戒律，竟然还敢偷东西。亏得被我发现早,没让你得逞。否则看我怎么收拾你!快滚。"

摩诃罗一步三停,费了好大的气力,好不容易才回到寺庙。大家见他这副模样,忙问他发生了什么事?他说:"都是前些日子舍利弗教给我的那首偈语,害得我好苦。"接着,一五一十地向大伙讲了一路上发生的事情。大伙听了,觉得又可笑,又同情他,便带着摩诃罗来到释迦牟尼佛面前,说明了他的遭遇。释迦佛听后,慈祥地微微一笑,慢条斯理地说:"这个摩诃罗,不但今天碰到这样的倒霉事,以前就曾碰到过类似的事情。"大家奇怪地问:"怎么回事?"佛道:"这些事说起来话可就长了。"于是给大家讲了这么一件事:

很久很久以前,有一位美丽动人的公主,突然得了一种怪病。国王遍请名医,也未诊治好。后来,来了一位巫师,为公主占卦。说公主必须要到坟地去,坐在新尸体上,用芥末面擦洗全身,病才能好。国王听罢,抱着试一试的态度,忙派人护送公主来到城外的坟地。

这时,恰巧有两个商人从此地路过,看见公主带领许多随从戒备森严地迎面走来,来不及回避,只好向旁边坟地里去躲。其中一位躲闪不及被抓起来,还割掉了鼻子和耳朵。另一个见状吓坏了,连忙躺在坟里装死。

侍从见周围再无闲杂人等,就忙着找皮肉未烂的新死的尸体,看见装死的商人,完全符合巫师的条件,就选了一座坟墓把他抬进去。再用布幔把周围遮挡好，然后请公主入内洗身。

公主进入布幔，脱掉衣服，就坐在"尸体"上用芥末擦洗身体。芥末面纷纷落在商人的身上、脸上，辛味刺鼻。商人为免灾，起先使劲硬憋着，可实在是憋不住了，"啊啾"打了一个喷嚏，人也随即坐了起来。众侍从大惊失色，都以为是死鬼复活要吃人，吓得纷纷逃走，布幔外的士兵也吓得魂不附体，仓皇而逃。

商人觉得情况不妙，忙对已经吓得瘫软的公主解释说："我不是鬼，是人。"并把为什么装死的原因如实地说了一遍。于是，公主穿上衣服，与商人一同来到城下，叫城门士兵开门。士兵们赶紧报告国王，正在伤心的国王听后还不太相信，亲自带领卫队来到城门，严密准备一番之后，才打开城门。公主和商人进到城里，国王仔仔细细地观察了商人许久，才确认他是人不是鬼。于是国王说："女人的身体是不能随便让男人看的。既然已经这样了，你就娶公主为妻吧！"国王为他们操办了热闹的婚礼，公主的病从此也痊愈了。商人没想到能娶公主为妻，深深庆幸自己的运气真好。

释迦佛说："当年那个娶公主作妻子的商人，就是现今的舍利弗。而当年那个被人割鼻、割耳的商人，就是现在的摩诃罗。从今以后，你们大家都要记住，无论是念经、说法，还是念偈语，都要分时间、地点、场合，不能死搬硬套，随便乱念。"

众比丘听到这里，都觉悟到无论是传教说法，还是学习偈语、祝词，都要符合时间、地点和场合，才能收到益处。

（据《杂宝藏经》卷六《长者请舍利弗摩诃罗缘》改编）

佛分半座

"佛分半座"是佛教中一个有名的故事,讲的是号称"头陀第一"的摩诃迦叶长者修行得道的故事。

很久很久以前,按佛教的计算方法,大约是过去九十一劫之前,当时世间有佛名曰毗婆尸,他是"过去七佛"中的第一尊佛。毗婆尸圆寂后,跟随他的比丘、比丘尼、优婆塞、优婆夷四众弟子,为了纪念供奉他,建了一座宝塔,宝塔建得庄严雄伟,外边用七种宝物装饰,内中放着佛骨舍利。周围的人都来朝拜。

不知过了多久,风吹日晒雨淋,宝塔显得又破又旧,塔中的佛像上原来涂的一层真金也渐渐不知不觉失去了当日的光华,特别是佛面上有一块已经剥落了。有一以乞讨为生的贫女,对佛崇敬有加,笃信不移,常常祭拜佛。当她发现佛面上有一块金色损坏时,心里很难过,发誓要把乞讨得来的一微粒金子涂补上去。她不辞劳苦,四处奔波,寻找金匠,终于找到了一位涂金匠。这位涂金匠便是摩诃迦叶的前身。

贫女把金子交给涂金匠，向他详细说明要涂补的地方。金匠一听是为佛争光，很敬佩这位贫女，满口答应了她，并加倍认真仔细地干了起来。不几日，佛面被他装饰得焕然一新，前来拜佛的人都称赞感激他们的功德。他们二人，一人出金，一人出力，合力完成了这份功德，心里也很高兴，就在佛像前立愿："愿我二人生生世世常作夫妻，身体为真金色，常常能享受胜妙快乐，过幸福美满的日子。"

从那时起，一直经过九十一劫，他们二人总是投生于天道或者人道，身体果然为真金色，果然每世每代都为夫妇，生活快乐无比。最后，那金匠投生于第七梵天（为色界十八天中的第七天，也就是三禅天中的第一天。因色界天中已没有饮食男女的欲念，十分清静，所以叫做梵天。"梵"意为"净"）。当时，在阎浮提洲的摩竭国，有一位名叫尼具律陀的大富翁，属婆罗门族。他聪明多智，在过去世中修有福德，所以今世才有这样的好报。据说，他所拥有的金银七宝、牛羊田宅、奴婢车乘，比国王还要多千倍。但他为了不惹是非，不招致国王嫉妒，故意样样都略逊国王一筹。比如，国王有1000具金犁，他便只打990具金犁。

尽管他什么都不缺，有成摞的毡毯，最下等的也价值百千两金；有60囤金果，每囤140斛；吃的、用的、穿的更是应有尽有。但却无儿无女。

在他家园中，有一棵很具灵气的大树，家中做诸事都向它祈祷，多能如愿。为了有儿女膝下承欢，他们夫妇俩常祭祀大树，向它祈祷，可是祈祷、祭拜了多年也没结果，夫妻俩恼怒起来，便向树神提出最后通告："我们夫妻俩为求有一儿半女，祭奉你多年，你却迟迟不让我们如愿。从今天起，我们再祭奉你七天，之后倘仍不灵验，那我们就会向你放一把火，烧个精光。"

树神一听，着急起来，就去求告四天王。四天王也拿不出个好办法，就代替树神再上去求告帝释。帝释往下一看，叹口气说："唉！我所管辖的阎浮提洲，还没有一个人有如此大福大贵的命，配做这个婆罗门大富翁的儿子。"只好继续上奏，告知梵天王。梵天王了解了一下情况，就以天眼四面观察，看见一位梵天（生在梵天的众生）正值命终，快要死去，就命人把他叫来，对他说明情况，劝他往生婆罗门尼具律陀家。梵天领命，就下来托生，那尼具律陀的夫人果然于七天之内怀胎在身，尼具律陀举家欢庆。

尼具律陀夫人十月怀胎，生下一个男孩，便是摩诃迦叶（梵天是摩诃迦叶的前身）。大家一看，多么与众不同的一个男孩子，颜貌端正自不待言，最奇异的是他体色如真金，闪闪发光，其光在40里外都可看见。大家齐来恭贺，许多看相的术士都说这孩子命中有福，将来应该出家做和尚。尼具律陀夫人听了，发起愁来，他们想，好不容易才有一个儿子，如果出了家，去做和尚，我们岂不照样没有后代吗！

　　孩子在尼具律陀夫妇的精心照料下，一天一天长大，他们夫妇的心事也一天一天加重，生怕摩诃迦叶要去出家。他俩整天琢磨阻止儿子出家的良策，想来想去，觉着世人最贪爱的莫如美色，便决定给儿子早早聘娶一房绝代美人做媳妇，好叫他恋着妻房，免生出家的念头。儿子刚满15岁，就决定为他娶妻。儿子不愿意，就说："我心一向清静，用不着妻室。"

　　尼具律陀夫妇才不管这些，只顾央媒觅配。儿子一看这局势，便心生一计，对父母说："娘，如果你们能找到一位像我这样身体是金色的，貌相端正殊妙、超凡脱俗的女子，我就娶他为妻。否则，我就不结婚。"尼具律陀夫妇一听，马上召请许多婆罗门，托他们依摩诃迦叶的条件四处访求。

　　"到哪儿才能找到这样一位女子呢？"婆罗门们犯愁了。终于，他们商量出一个好办法：用黄金铸成一尊女神像，像赛会那样，抬着游行于各个村落，同时叫人高声呼唤："小姐们，快来礼拜这位金女神。凡是礼拜过她的小姐，将来一定能嫁个身色如金、面貌端好的好丈夫。"小姐们一听，都纷纷出来拜女神。但一连数日，他们也没有从中发现符合摩诃迦叶条件的女子。

　　这天，他们抬着神像，一路吆喝着走进一个村庄。这个村庄有一女子，身体也是真金色的，相貌端正殊好。她就是九十一劫前施金装饰佛像的那个贫女的转世。因为过去有献金饰佛像的好功德，所以世世都得妙色金身。她转世到这个村庄，志乐清静，厌恶喧闹，压根就不想出去拜女金神，但经不起小姐妹们的好劝硬拉，就出来礼神。一到神像前，婆罗门们就发现，她身如真金色，闪闪发光，其光比金女神更为耀眼。这不就是摩诃迦叶说的那种女子吗？他们喜出望外，如获至宝，马上就代尼具律陀家向小姐求亲。小姐的父母一听有这么一个好人家，小伙子是和女儿一样有金身的，就高兴的答应了这门亲事。

　　摩诃迦叶得知父母真的为他找到了一位金身女子，没有办法，只好履行诺言成亲。虽然成了亲，但他俩都是清静的独身主义者，丝毫无恋爱情欲。于是二人商定各住一室，避不同房。尼具律陀夫妇知道了，很生气，就把他们所住的二室拆掉一室，逼他们同室，在室中只摆一张床。摩诃迦叶便和夫人商量说："我们俩人轮流睡眠，你睡时，我踱方步舒展身体；我睡时，你踱方步舒展身体。好吗？"夫人说："只好这样啦！"这样过了许久，有天晚上，轮着夫人睡，无意中一只手垂于床前。这时，刚巧有一毒蛇进入房中，张口吐舌，想咬夫人的手。摩诃迦叶见状，情急之中，急忙拉衣角包裹她的手，并轻轻地把手放回床上。这时，夫人被惊醒，便责怪摩诃迦叶："你和我立誓，不相亲近。如今怎么趁我睡着偷偷握着我的手呢？"摩诃迦叶忙解释说:"屋中进来一条毒蛇,我怕你的手被咬,所以才拿起你的手,放在床上。谁知把你惊醒了。"见夫人未置可否,将信将疑,就说:"你看,现在蛇还在屋里呢!"便指给他看。夫人见状,也就不再责备他。

他们就这样坚守节操,心里清净,十分厌烦世间的琐碎事务。后来,又双双请求父母,允许他们出家。父母看他们俩这样,知道强求无用,就答应了他们。于是,夫妇俩同时出家,来到释迦牟尼佛前。佛让出半个座位,让摩诃迦叶坐(佛教中有名的故事"佛分半座",即由此来),迦叶遵命坐下,佛为他说法,迦叶就在坐上得阿罗汉道。那位女子后来也得阿罗汉道。

据说,摩诃迦叶在世时,常与释迦牟尼佛对坐说法。释迦佛灭度之后,所有经典法藏全部交会给摩诃迦叶。摩诃迦叶结集三藏完了以后,去鸡足山中涅槃,肉身至今不坏。直到未来佛弥勒出世,他会再度出山。在众生中显十八神变,度脱无量众生,然后才灭除色身,转而成佛,号曰"光明佛"。

(据《付法藏经》改编)

以水卖贫

古时候,有一阿槃提国,国中有一长者,家财甚丰,他把家装修得豪华气派,自己也是锦衣美食。但对奴婢却很吝啬,他的奴婢们大多衣不蔽体,食不果腹,还常常遭到鞭打,许多奴婢常常被他折磨得都不想活了。

这天,长者令其中一位奴婢去河中取水,奴婢拿着瓶子来到河边,仰望天空自由飞翔的大雁,俯看河中自得其乐的游鱼,再想想自己度日如年的苦难生活,不禁悲从中来,忍不住嚎啕大哭。

佛弟子摩诃迦栴延正在修行,以他的天耳听到了奴婢悲哀的哭声,就来到她的身边,对她说:"你日子这么贫苦,自己又讨厌过这种日子,为什么不把它卖掉呢?"老婢苦笑一下,说:"有谁肯买贫苦呢?你可真会开玩笑!"摩诃迦栴延严肃地说:"真的可以把贫苦卖掉!"奴婢见他不像是在开玩笑,就问:"怎样才能把贫苦卖掉?"摩诃迦栴延说:"请你牢牢记住我所说的每一句话,先把瓶子冲洗干净,然后装满水,拿它去布施僧众。"奴婢一听,犯起愁来，说："瓶子是我家主人的东西，怎么可以拿去布施呢？"摩诃迦栴延说："瓶子虽然不是你的，但是，瓶子里装的水却是你的。"奴婢顿时开悟，就用瓶中的水布施僧众。摩诃迦旃延亲自接受奴婢布施的水，并传授给她三归五戒（"三归"——归依佛、归依法、归依僧。"五戒"——不杀生、不偷盗、不邪淫、不妄语、不饮酒），还教她念佛。

奴婢看天色已晚，就赶快再给瓶中装满水，向摩诃迦栴延告别，回到主人家。当晚，就在长者家中去世。

第二天，长者看见奴婢死在他家中，觉得很晦气，非常恼火，立即命令别的仆人把尸体抬出去，扔在树林里。

谁知这个奴婢因为死前受到摩诃迦栴延的教导，死后其神灵就上生到忉利天宫。在天上远远地看见自己已死去的身体，就同天上的其他人一道，将天花撒在尸体上。

（选自《贤愚因缘经》）

一偈得道

释迦牟尼佛在舍卫国的时候,门下僧徒甚众,光罗汉就多达500名。有一天,来了一位名叫周利槃陀迦的人,请求佛收他为徒,佛见他非常诚恳,就答应了。

从此后释迦佛每天派一名罗汉去教他佛理,但周利槃陀迦生性愚钝,三年之内,竟没有学懂一首偈颂。国内的四僧众都知道他笨,500比丘们也不愿再教他。只有释迦佛不但不嫌弃他,反而心生怜悯,派人把他叫到跟前,亲自教他一首偈:

守口摄意身莫犯,

如是行者得度世。

周利槃陀迦特别感激佛的慈恩,能得到佛的亲自教诲,他心里实在是高兴得不得了,立即把偈颂念了好几遍,直至顺口。

释迦佛语重心长地对他说:"你现在年纪大了,才得到一首偈颂,而且这首偈颂也是众比丘都知道的,并不希奇,你也别这么高兴。现在,请你好好听我给你解释这首偈颂的意义：'口'指口四业，即口上造出来的四种业，它们是妄言（说假话）、两舌、恶口（咒骂人）、绮语（轻薄话）。'意'指意三业，即意念中造出的三种业，它们是贪、瞋、痴。'身'指身三业，指身体上造出来的三种业，它们是杀、盗、淫。以上十业，如果犯了就是十恶业，就得在六道中不停地轮回，得不到解脱，犯的严重的会下地狱，受万劫不复之苦；如果能做到'守口摄意身莫犯'，不犯十业，戒掉十业，就是十善业，善业应多为，越多越好，由于它，可升入天堂，可证得佛道，达到涅槃自在的境界。这时，你也就彻底获得了解脱。不仅如此，你还可以度脱世间有情众生，帮助他们脱离苦海。"接着，释迦佛又给他讲了其他一些佛法。周利槃陀迦听罢佛言，霍然开悟。从此后，他处处以佛言行事，刻苦修习，不久，证得罗汉道。

当时，释迦佛手下还有500名比丘尼，住在不远处的另一精舍里。佛每天派一名比丘去给她们讲经说法。有一天，轮到周利槃陀迦去。众比丘都觉得他去肯定说不出什么，会在众比丘尼面前丢丑；众比丘尼一听说明日周利槃陀迦前来讲法，都大笑不已，并商量好了要为难他。

第二天，周利槃陀迦按时前往，老幼尼众都出来行礼，互相望着窃窃发笑。不一会儿，请周利槃陀迦进斋饭，饭后洗漱后，请他说法。周利槃陀迦登上高座，望着下面众多比丘尼，谦逊地说："我缺少才德，愧作沙门。加之素来愚钝，学的很少，只懂得一首偈颂，对它的含义有肤浅的认识。现在，我就讲给大家听！"周利槃陀迦还未开口，有的年轻一些的比丘尼就准备故意刁难他，谁知嘴却张不开，特别惊恐，心想周利槃陀迦肯定是得道不浅。于是，责怪自己，顶礼悔过，用心听周利槃陀迦讲解。周利槃陀迦即照释迦佛所说的，对偈语一一做了讲述。众比丘尼听他所讲，非常惊讶，心想："愚钝的周利槃陀迦忽然怎么这么聪明，对佛偈语理会得这么透彻，讲得也是这么明了清晰。"大家都非常欢喜，并因受周利槃陀迦的启迪，纷纷证得阿罗汉道。

过了一些时日，国王波斯匿请释迦佛及众僧去受供养，在正殿集会。释迦佛想向众人显示一下周利槃陀伽的功力、神通，以解除大家对他的偏见，就专门叫他拿着钵跟在后面走。谁知，守门的人一看是周利槃陀迦，就将他挡在门外，不许入内，嘴里还说："你这个人，身为沙门，却连一首偈都不懂，怎么配接受国王的供养？我这个凡夫俗子都晓得偈颂，你却不懂。像你这样缺乏智慧、愚钝不堪的人，对你布施毫无用处，不准进门！"无奈，周利槃陀迦只好待在门外。

佛进了宫殿，与国王、夫人、太子等见过礼，即去洗漱，准备用斋饭。佛刚入席坐定，周利槃陀迦就举着钵，把手臂伸得长长地递给佛，佛安详地接着钵放在桌上。这时，国王、夫人、太子、文武百官及参加供养的众比丘、比丘尼、优婆塞、优婆夷，看见仅有一只手臂伸进来，却不见其人，惊异地问释迦佛："这是什么人的手臂？"释迦佛笑着说："这是周利槃陀迦比丘的手臂，他近来已得道。我叫他拿着钵，可守门人不许他进来，所以只好伸长手臂递钵给我。"国王听罢，立即派人将周利槃陀迦请了进来。当他看到周利槃陀迦威仪的神态、高贵的举止、炯炯有神的双目时，又问释迦佛："听说周利槃陀迦尊者生性愚钝，三年之久才学会一首偈，怎么就会得道呢？"释迦佛告诉国王说："学不在多，贵在力行。周利槃陀迦尽管只会一首偈，但他对此偈义理领会透彻，并能做到身、口、意三业清静无瑕。一般人虽然学得多，却并不身体力行，意念纷乱，行为不检点，又有什么益处呢？！"接着，释迦佛又念了一首偈：

"虽诵千章，句义不正。不如一要，闻可灭意。

虽诵千言，不义何益。不如一文，闻行可度。

虽多诵经，不解何益。解一法句，得可行道。"

大家听闻了这首偈语，心生欢喜，当时就有 200 名比丘得罗汉道。国王、夫人、太子和百官，也受益匪浅。大家都感谢释迦佛的伟大功德。

（选自《法句经》第一卷）

雁臣性善　忠义动天

很久很久以前，在一个碧波荡漾的美丽的大湖边，栖息着无数的大雁，雁王名叫东持国天王，是菩萨的化身。雁王的大臣名叫性善，是佛弟子阿难的化身。

性善心地善良，品德高尚，做事谨慎，遵守戒律，精明能干，勇敢善战，吃苦耐劳，忠心耿耿。他们君臣二人，不但互相友爱，如同师徒一般；而且面貌酷似，又如父子。不管碰到大事、小事，他俩都能达成一致，如同一只鸟的两个翅膀。对于雁群，他们俩都非常关心，尽力保护，所以雁群日益壮大，十分发达。这个美丽的湖泊，由于有这群团结的大雁居住，显得非常欢乐：在湖面上游来游去的大雁，就像白莲花在漂动；飞行在空中的大雁，比洁白的云彩还漂亮。所以周围的人们都称这个湖为"如意湖"。

雁王和大臣性善的功德，使得修行的人、众多的神和仙人都感到震惊，于是到处传诵他俩的故事。不多日，方圆几百里都知道这儿有个美丽的名曰如意的湖泊，有位能干的雁王和一位忠心耿耿的大臣。不久，这件事情也传到了波罗尼斯国王梵施的耳中。他非常希望能见到这两只有名的大雁，就把群臣召集起来，商量如何才能引来这两只大雁。大臣们凭着各自的智慧，引经据典，给国王出主意。最后，大家都觉得有位大臣的建议最好。这位大臣说："大王，您不妨在咱们国内找一块荒野之地，把它改造修建成一个比如意湖还要漂亮的湖。每天演奏鸟类喜欢听的音乐，使鸟类觉得这儿是乐园。这样，您希望得到的两只大雁就会飞来。那时，还愁抓不着它们吗？"

国王按着他这个建议，在离城不远的地方修建了一个美丽的大湖。这个湖的确别有一番风光：湖水清澈见底，各种鱼儿自由自在地游来游去；湖面上莲花竞相开放，花香四溢，扑鼻的香气，引来无数蜜蜂在花丛间盘旋飞舞；微风轻过，卷起千层浪花，撞击湖边岩石，迎着阳光分外好看；湖的周围树木成行，绿草如茵，五颜六色的花儿随风摇曳，无数小鸟婉转吟唱，真是一个吸引鸟类的好地方。

不多久，果然有许多鸟类来此地生活。这天，如意湖的两只大雁在天空飞翔时，无意中发现了这个地方，定睛一瞧，大吃一惊："怎么世界上还有比我们如意湖美丽的湖泊。"就飞下来，停住在这儿，生活了好几日，觉得十分舒适，心想："不能光我们俩在这儿享受，应该回去告知雁王，让大伙都到这儿来栖息。"想到这儿，就动身起程飞向如意湖。见到雁王，兴高采烈地向雁王描绘那儿有多好多好，劝雁王带领雁群搬到那儿去住。

雁王听罢，同雁臣性善商量，问它如何是好。雁臣想了想，对雁王说："我们还是不去那儿住为好。为什么呢？因为我们这些雁不仅肉可以吃，而且毛色很漂亮，惹人喜爱。别听那些人口中说着甜言蜜语，没准心中却正欲伤害我们。有些人常常是口是心非，好比商人们为了将自己的货物卖出去，赚大笔大笔的钱，就拼命向人们吹嘘自己的货物有多好多好，丝毫不提自己商品的不足之处。所以，我们不能随便相信人们的许诺，不要贪图远方湖泊的美丽而上了他们的当。即使去那里看看，也应该尽快回来。我们这儿不缺乏吃的食物，这儿才是我们的家，没必要搬到别处去。不过，既然那两只雁说那儿特别好，我们不妨去参观参观！"雁王听罢性善的话，觉得它的分析很有道理，就说："按你说的办吧！过些时日，天气好了，我们去那儿参观一下就回来！"

秋天来了，在一个天高气爽，万里无云的好日子里，雁王在雁臣及众雁簇拥下，浩浩荡荡地飞往梵施王修的大湖。不一会儿就飞到了那儿，大家一看，这儿的风景的确美丽如画，于是都尽情地玩乐、享受，有些乐不思蜀。

看守湖的人见状，急忙跑去报告梵施国王："大王，您想见的那些大雁来到了我们湖中。它们的确与众不同，不仅有美丽的翅膀，就连头和脚都像金子一样漂亮。"国王一听，十分高兴，马上命令一个捕鸟能手去捕雁王和雁臣。

捕鸟能手来到湖边，先仔细地观察雁群的活动情况，认出雁王和雁臣，然后，悄悄地安放罗网，静候雁王和雁臣。

不久，雁王不幸被罗网套住。心想："真被雁臣性善言中了，这个美丽如画的湖泊只不过是个诱饵。我应该赶快发出信息，让其他雁群立即离开此地，否则，它们也会遭遇不测。"于是，发出"此湖危险，速速离开"的特殊叫声。别的雁听到雁王的命令，看见雁王已被捕在网，都吓坏了，惊慌失措，四散逃命。只有雁臣性善不但没有离去，反而飞到雁王身边，根本不考虑自己的生死，甘心与雁王分担痛苦。

雁王见性善非但不逃，还跑来陪自己，非常感动。但它不愿连累性善，再说，还有雁群需性善照顾，就对性善说："你快走吧！我不幸落网，有翅难飞。你留在这里也帮不上什么忙，还有随时被捕的危险。快走吧，你不应在这儿受罪；再说，其他雁群还需你的照顾！"

性善说："其他雁子都已逃命，不必为它们担心。我想在这儿陪你。其实，在这儿也不一定死去，到别处去也免不了要老死，您就别赶我走了。在安乐时我们侍奉您，现在，您身处险境，我怎能弃您而去呢？如果为了保全自己的性命，狠心地把大王扔在一边不管，那我会于心不安，良心会受到谴责,也肯定会遭到别人的咒骂。这样的话,还有什么颜面活在世上。大王,不管有什么危险,我永远和你在一起。"

雁王说:"我运气不好,被罗网逮住,除了下厨房别无生路。你现在平安无事,为什么要和我一起倒霉呢?如果我们俩都死了,我们的雁群怎么办?你这样白白地陪我去送死,一点意义都没有。何必这么想、这么干呢?"

性善说:"大王,你也知道,佛经上常讲,如果做了佛事,就可以有好的福报。今日,我不弃大王而去,与您同甘共苦,也算是做了一件好事吧!您要是活不成,我为什么还要贪生呢?"

雁王说:"你我虽为君臣,但也是亲密的朋友。今天,我遭难,你想按照佛法行事,也算对我尽到了忠心,情至义尽。我很感动,我请求,按我的愿望赶快离开吧!你最具智慧,你若回去,对其他大雁会有帮助的。"

这时,猎人悄悄地走来,看见两只漂亮的大雁正在对话。细细观察,认真听听,才知道逮住的一只是雁王。另一只是它的伴臣。猎人很惊讶,对雁臣说:"你没被抓住,完全可以飞走。我来这里就是要捉你们,为什么不飞上天空去呢?"

雁臣安详地对猎人说:"我能飞,但为什么不飞呢?因为我们拥戴的敬爱的大王遇难了,我非常痛苦。你的网套住了雁王的两只脚,而我们两个翅膀却被功德之网紧紧地拴住了。"

猎人很受感动，对雁臣说："我不伤害你，你可以平安飞走、去同你的亲友欢聚。"

性善说："假如你真心可怜我，不愿意我痛苦的话，那么，就请你答应我的要求。"猎人问："你有什么要求，就请说吧。"性善说："如果你只要一只大雁的话，我请你放走雁王，抓着我，我来替代它。你看，我们两个完全一样，身体的大小、年岁都完全相同。因此，你一点也不吃亏。假如你信不过我，那么，你可以先抓住我，然后再放走雁王。这样的话，你得到了大雁，我实现了愿望。其他大雁也会高兴。你以为如何？"

猎人虽然心狠，但面对雁臣的忠心耿耿、温和而有胆识的言辞，却不能无动于衷。他想了想，就双手合十，对性善说："善哉！善哉！像你这样为主人献身的行为，人、神之中都很少见，何况你仅为一只大雁。我哪能伤害你呢？"说罢，猎人便不顾国王的命令，解开罗网把雁王放了出来。

性善见猎人放了雁王，怕猎人回去对国王不好交待，就又对猎人说："你放了雁王，我真是感激不尽！愿你和你的亲人永远幸福快乐！为了不使你的愿望落空，不使国王为难你，你可以把我和雁王放在笼子里，拿到王宫去献给国王，国王一定会赐你无数宝贝。"

猎人心想："这个大雁真会替别人着想。再说，它们两个也的确美丽可爱，至少应该让国王看看，开开眼界。"于是，就照雁臣的意思，带着两只大雁来到了王宫。

国王得到久已想念的两只大雁，高兴极了，急忙拿过鸟笼细细观看。看着看着，心生疑惑，就问猎人："这两只大雁没有被捆，也未受伤，你是怎么抓住的？"猎人就把前前后后的真实情况详细地告诉了国王。

国王听后又感动，又高兴，把两只大雁从笼中放出，让雁王站在自己的金座上，雁臣站在大臣坐的藤椅上。雁王用柔和的声音问国王："尊贵的大王，您的身体可安康？"

国王回答道："大雁王，我一切都很好。长期以来，我都盼望能见到你们。今天，这个愿望终于实现了。你们两位来到我这儿，我非常欢迎。猎人今天完成了一件大事，应予以重赏。"说罢，命下人拿给猎人很多珍宝和财物。然后，又接着对雁王和性善说："你们两位特意光临王宫，有什么希望和要求，请对我直言。当然，像你们这样圣贤，不能用财物使你们满意，只有诚心信赖才是最好的礼物。"

性善依礼向国王叩头顶礼，说道："国王和雁王这样亲密交谈，友好协商，谁还不心满意足呢？再说，大王和雁王谈话，百姓们插嘴是不应该的，那不是君子风度。所以，大王，我不能说什么，请您原谅。"

听了雁臣性善的一席话，国王对它们更加敬佩了。他对性善说:"早都听见人们传扬你的功德,今天才知道确实名不虚传。你真是又驯良又通达事理!我要同你们的雁王结成好朋友,也希望你同我们的友谊日益深厚!"

雁王见国王如此友好和慈悲,也很感动,便说:"我感谢大王对我的尊敬。希望大王广行功德之事。如果没有功德,有钱也没有什么益处;如果有了功德,子孙可以昌盛,名声可以远扬,国力可以增强。现在,我在这里虽然很安全、快乐,但我的亲人朋友们并不知晓,都在悲痛地呼唤我。所以,请大王把我放走吧!"

国王同意了雁王的要求,立即放开大雁。雁王当即飞上了湛蓝的天空,雁臣也像影子一样紧随其后,不久就飞回雁群当中。大雁们看到雁王和雁臣一齐归来,喜出望外,都热烈地欢迎它们。

从此以后,它们又在如意湖泊过着幸福安宁的日子。雁王还经常到王宫去为国王讲经传法,国王也很诚意地供养大雁。他们成了良师益友,彼此十分友好。

(选自《菩萨本生鬘》第二十二章)

投河不死

很久很久以前,毗婆尸佛在世。那时,薄拘罗长者还是一位穷人,家里常常是吃了上顿没下顿,过了秋天还不知冬衣在何处,日子非常可怜。有一天,薄拘罗在山中采了些野果,准备拿回去让家人充饥。走在路上时,碰见一位比丘,样子很痛苦地蹲在路边。薄拘罗见状,上前关切地问:"请问大师您哪儿不舒服?"比丘说:"施主,我忽然头痛得厉害,你能帮帮我吗?"薄拘罗一听,自己身无分文,又无一技之长,怎么帮他呢?只好拿出刚采的山果让比丘吃。

谁知比丘吃了以后,头居然不痛了,对薄拘罗一再感谢,并说了许许多多祝福的话。

因为薄拘罗有这一功德因缘,从此以后,九十一劫以来,不管生在天上还是人间,都享有荣华富贵,快乐无比,而且从不生病。后来,他转生到一位婆罗门家。母亲生下他不久就病故了,小薄拘罗因思念母亲常常伤心落泪,日子不像从前那样好过。

不久，薄拘罗的父亲又娶妻。这位女子视薄拘罗为眼中钉、肉中刺，心狠手辣，多次派亲信去杀害薄拘罗，但他每次都因佛的暗中护佑而脱险。继母恼羞成怒，派人将他投到河中，不幸被一条大鱼所吞。谁料，这条鱼被渔夫捕获，大家剖开鱼肚，薄拘罗再次获救。他想："继母屡次加害于我，但我每次都有惊无险，肯定有神灵在保佑我！"于是出家，学习佛法，由于他刻苦努力，身体力行，不久证得阿罗汉道。

（选自《付法藏经》）

八足狮与国王

从前,有一段时期,在一个人迹罕至的荒山里,住着一位八足狮子,据说它是菩萨的化身。八足狮子身体强壮,坚实有力,外貌虽然很凶悍,但却有一颗大慈大悲的心。从不伤害山中的其他动物,只吃青草和树叶,喝河水和泉水,和其他动物相处友好,过着安宁、知足、自由的日子。

离八足狮子居住的大山不远的地方,有一个国家。久居王宫的国王想出来散散心,就领着一些下属来山中游猎。这天天气特别好,国王骑着一匹最好的骏马,在山路上疾驰,不一会儿,就把其他的马、大象、马车和随行侍从甩在了后面,一个人首先来到山中。

山中野兽突见有人闯入,都惊慌失措,夺路而逃。国王连忙张弓搭箭,四处追杀。

突然,国王看见了神奇雄伟的八足狮子,就掉转马头直奔过来,一边跑一边张弓搭箭。八足狮子看见国王骑着快马,拿着弓箭追赶自己,立即飞快地逃跑。在途中碰到一条深沟，八足狮子便像鸟一样飞过去。国王却因为追得非常慌张，马跳得太猛太快，被摔下了深沟。

八足狮子在前面跑着跑着，忽然听不到身后的马蹄声。心想："怎么搞的？难道国王回去了吗？"于是，停下脚步，转身一看，只见国王的马站在深沟边上，马背上空无一人。八足狮子深感奇怪："国王哪儿去啦？这附近没有浓密的树荫，也没有莲花盛开的湖泊，这里没有可以休息的地方。看来，国王肯定是掉到深沟里去了！"想到这里，它怜悯起国王来，急忙返回深沟边，向下面探望，看见国王的甲胄上沾满了泥土，头巾也散开了，受了重伤，正在地上艰难地爬着。

八足狮子见状，连忙三步并两步，来到沟地，直奔国王。国王看见被自己刚才追杀的八足狮子急急忙忙向他跑来，心想："这回可算死定了。"出乎意料的是，八足狮子跑到他跟前，停下来，彬彬有礼地说："大王，你摔伤了吗？你别害怕，我是住在您境内的一只野兽。您的水草养育了我，我才得以快乐地生活，现在您不幸落入深沟，请不要着急，我可以把您救出去。"

国王听了八足狮子的话，真是又惊又喜又惭愧，暗自思量："这是真的还是假的？它明明可以向我进攻，怎么会反过来相救呢？刚才，我狠命地追捕它，现在，它为什么要以德报怨呢？不过，看它一脸诚恳，满目慈悲，不像是在说假话。我还是相信它吧！"于是，对八足狮子说：

"我不要紧,因为有厚甲厚胄保护,没有受重伤,这点痛苦还可以忍受。只是觉得非常对不起你,我只看见你野兽的外貌,全不晓得你内心善良的本性。请你原谅我吧!"

八足狮子听国王这样说,知道他已经信任了自己,高兴地对国王说:"大王,您骑在我的背上,好好地抓住我!"国王像骑马一样骑在八足狮子的背上。狮子迈着稳健的步伐,将国王背出了山谷。然后,把他轻轻地放在那匹骏马的背上,并指给他回家的方向和路线,一直把他送出荒山。

国王非常感激八足狮子的救命之恩,一心想报答它,就对八足狮子说:"我的命是你给的,我请你一定到我家里去住。在这荒山里,你既要担心猎人的侵害,又要受风雨寒暑之苦。我怎么忍心把你一个人留在这里,请你和我一起回去吧!住在王宫里,衣食无忧,生活安宁。"

八足狮子说:"大王,非常感谢您的好意,但在王宫住,我不习惯。人的欢乐和野兽的欢乐不一样,我只喜欢住在森林。您若是真的想报答我的恩情,就请以后不要再打猎,可怜可怜我们这些住在森林里的野兽。"说完,告别国王,回到森林。

国王记住了八足狮子的话,从那以后,再也不到深山打猎了。

(选自《菩萨本生鬘》第二十五章)

舵手善往彼岸

从前,由于造船技术不高,航海仪器缺乏,所以,海船外出经常出事故。大慈大悲的菩萨看到那么多出海的人遇难,心里很难过;再看看那些遇难者的家属悲痛欲绝的样子,就更加伤心了。于是,他决定,自己化身成一个驾驭海船的舵手。希望通过这样,减少航船的事故。

菩萨化身的舵手有三个特长:一是善于观察星相,对各种天气都能加以识别;二是善于识别各种鱼类、水的颜色、特殊土质、飞禽走兽等所预示的征兆;三是记忆力强,做事勤奋、谨慎、坚定,不怕风雨寒暑之苦。由于他具有这些特长和本领,所以,不管哪艘船,只要有他为舵手,就一定能顺利地到达目的地,很好地完成出海任务。所以,人们给他起名叫"善往彼岸"。由于他的名声越来越大,后来人们干脆连他的家乡也改称"善往彼岸"。

正是因为善往彼岸具有如此的品德和本领,所以,尽管他年纪高迈,还是有许多出海的人请他去掌舵。

一次,巴如嘎达察这个地方有些商人想去金洲取金,为了出海安全，他们来到善往彼岸家，请他出海掌舵。老舵手说："我年纪大了，眼力不好，记忆力衰退，身体也远不如以前壮实，怎么能帮助你们呢？"商人们说："你的英名远播四海，你的情况我们全知晓。这次请你去，不是让你干事情，只是想借助你的吉祥，使我们能在难以航行的大海里遇险脱险，遇难脱难。请你答应我们的请求吧！"

善往彼岸本性仁慈，经不住他们苦苦相求，就不顾年迈体衰，答应了他们，登上了下海的大船。由于有老航手一道前往，商人们信心充足，心想肯定会成功，便高高兴兴地向大海航去。

平和的大海景象万千，瞧：各种颜色的鱼儿自由游动；海风掠过，卷起层层波浪，整个海面像流动的蓝宝石一样分外壮观；远处，海天一线之地被金色的太阳照得格外美丽。海员们禁不住又笑又跳，高兴地说："在这么漂亮的大海中航行可真惬意！"

然而，天有不测风云。下午，正当大船在海中前进时，突然出现了恶兆：狂风怒吼，波涛汹涌，大海似开水沸腾，像大山摇动，像天崩地裂；满天乌云密布，电闪雷鸣，大雨像箭一样射落在海面上。加上此时太阳已经西下，黑夜即降来临，大船颠簸不稳，令人胆战心惊。商人们都吓呆了，纷纷向神祷告，请神灵保佑他们平安渡过此劫，但是，一连几天几夜，一切始终如故，大船一直随风漂荡。

老舵手善往彼岸为了稳住大伙的情绪，说："大海里突然出现狂风惊涛，没有什么可奇怪的。大家不要紧张惊慌，赶快过来一块儿想想办法吧。如果只是害怕而不想办法应付，对战胜困难是毫无益处的。只要我们意志坚定，不怕困难，动脑筋想办法，就一定能够脱离险境，到达我们的目的地。"

大船在老舵手指挥下破浪前进。突然，一位商人看见了一种像人形的穿着银色甲胄的东西，在海水里时隐时现，觉得十分奇怪，赶紧跑去报告善往彼岸："老舵手，快看，那个像士兵一样穿着甲胄的、眼睛很难看，像利刃一样，在水面游动像游戏一样轻松的东西，是什么呀？"老舵手说："这不是鱼，你们不要怕。我们已经走得很远了。这个大海叫'利刃鬘'。我们还是赶快返航吧！"但是，那儿的水势很猛，水流很急，风力又很强大，无论怎样也无法返航。

大船随着海浪漂流而去。商人们又看见一片水色像白银一样的大海，大家都很奇怪，就又去问善往彼岸："这片被无数白色水花遮盖，像穿着白衣，又像抹上一层月光的海水，是什么海？"老舵手说："我们又被海水冲出一大段，离目的地越来越远了。这个海叫'牛奶海'，就是'酪鬘海'。假如能转回去就好了，不能从这里直走。"但是，浪大水猛风强，船无法放慢，无论如何也转不回去。

他们好不容易航出了"牛奶海"，来到另外一个海。这片海展现在人面前的又是另一番景象：海的颜色像金子，水像火烧一样。商人们见状，更加惊异，又去问善往彼岸："这个像朝阳一样美丽、像大火燃烧一样奇怪的海，叫什么？"老舵手说："这片大海传说叫'火鬘'。若能从这里转回去，对我们大家是很好的。"可是，无论他们怎样努力，也无法掉转船头。

大船又越过"火鬘海"，来到另外一个大海。这个大海样子既像琥珀宝石，又像蓝宝石，还像成熟的古沙草颜色。商人们感到很新鲜，便去问善往彼岸："这个像成熟的古沙草叶子的颜色、风卷波浪像花一样的大海，又是怎么回事？"老舵手说："哎呀！船主们快返航吧！再过去就不好了。这个海叫'古沙草鬘'，它像没有铁链的大象。难以征服的海水落下来，会夺走我们的幸福！"可是，他们无论如何努力，也无法使大船返航。

大船辗转越过这片大海。来到另外一个水像竹叶一样青翠、像绿琉璃一样闪亮的大海。商人们又去问善往彼岸："这个像绿宝石一样光亮、像青草坪一样美丽、由像睡莲一样的水泡装饰起来的大海，叫什么名字？"老舵手看见商人们一筹莫展、痛苦万状的样子，自己心里也很难过，慢慢地说："我们实在是走得太远了，现在想返航几乎是不可能了，我们已经到了世界之边境。这个大海叫'泥沼鬘'"。商人们一听，个个唉声叹气，有几个胆小的都吓得瘫软在地。

大船好不容易越过了"泥沼鬘"。谁知，到傍晚时分，太阳越来越暗淡，好像被大海淹没了；海水急剧翻腾，浪花纷纷落下，像下大冰雹，像火烧竹林一样，劈劈啪啪乱响。令人恐怖万分。商人们惊恐地张目四望，只见大海中心犹如万丈深谷。大家都吓坏了，一齐过来对善往彼岸说："这叫什么海呀？海浪这么大，海水掀起这么可怕的漩涡。我们该怎么办呢？"老舵手向四周看了又看说："我们进了死神口了，这就是大海的中心。我们这下可遇到可怕的情况了。"商人们一听善往彼岸这么说，以为死定了，有的放声大哭，有的大喊大叫，有的呆若木鸡，有的晕厥在地，有的向神祷告，有的口念密咒，还有的向善往彼岸哀求说："您快想想办法吧！我们大家都知道，您具有特殊的本领，能挽救众人。求您快想办法，别让大海吞没了我们！"

老舵手安慰商人们道："我也许有一些对付的办法，让我试试看。"商人们一听，觉得还有生还的希望，就很快安静下来，等候着老舵手采取行动。

善往彼岸把衣服搭在肩上，右脚跪在船上，弯着腰虔诚地向如来佛祈福："天上的诸神请听我言：'我从小没有产生过杀生的念头，愿我的真言和福德之力，能使大船不要掉进大海中心，并使大船安全地返回海岸。'"他刚祈福完，风就小了，水势也缓和了，大船便乘机慢慢地向回返航。

商人们又惊又喜，都向善往彼岸施礼致谢。老舵手也高兴地指挥："快把风帆竖起来！"商人们望着风帆，一齐欢呼。船上一片欢乐。

由于风顺，大船很快前行。天黑了，夜幕笼罩，天空中群星闪烁，如万盏灯火。善往彼岸说："喂，船主们，你们将'泥沼鬘'以下大海里的沙子、石头尽量往船里装吧！这些沙子、石头净是宝贝。"

商人们依善往彼岸之言，装满了一船沙子和石头，回到了巴如嘎达察家乡。第二天一看，满船都是金银、蓝宝石、琉璃等宝物。大家额手称庆，都感激善往彼岸使他们这次下海取宝取得了胜利。

（选自《菩萨本生鬘》第十四章）

兔子舍身待客

从前,有一只长相美丽、风度潇洒的兔子,住在一处幽静而美丽如画的地方。这个地方四周被清澈的湖水环绕,百花盛开,青草肥美,果树成林。所以,吸引了许多动物来此生活。大家相处日子渐久,就发现这只美丽、潇洒的兔子不仅具有漂亮的外表,而且富有胆识,力气很大,不怕猛兽袭击,怜惜一切动物,所以大家都视它为王。事实上,这只兔子并非一般的兔子,它是菩萨的化身。

水獭、狐狸、猴子是兔子的三个最要好的朋友,它们彼此非常信任、尊重、关怀,就像一家人一样恩恩爱爱,快活地共同生活在果林中。

一天下午,林中几个一起来听聪明智慧、博学多识的兔子讲法。它们一见兔子,先施礼,然后落座,静听兔子说些什么。那天刚恰是正月十四,兔子望着洁白如无柄明镜的月亮,对朋友们说:

"月亮还缺一点不圆满,

应把天空明月看一看，

你们务必行善和除恶，

功德圆满正如月亮圆。

明天就是正月十五，你们要除恶行善，用得到的一切食物，去布施来客，以增长福德。"

几个朋友都答应照办，各自回到自己的住处。

回到家里，兔子躺在床上，心想："朋友们都有东西可以布施客人，而我只会用牙咬青草，一点青草怎么好献给客人呀！若是没有一点布施，活着还有什么意义呢？倒不如把自己的肉身舍弃，对客人也许会有好处！"想到有东西可以布施客人，兔子觉得很高兴。

兔子的这种想法，立即使大地山川为之震动：大海为之翻腾；天神也敲起庆贺的大鼓；天空万里无云，清澈透明，分外开阔美丽；五彩缤纷的花朵随风摇曳，花香飘满四面八方。这一切吉祥之兆，都好像在向兔子表示致敬。

帝释天听到兔子欲舍身待客的消息，十分惊奇。为了考验兔子的真诚，在第二天中午，把火球一样灼热的太阳，悬在万里无云的高空，蜜蜂热得嗡嗡乱叫，鸟儿热得四处躲藏，行人热得头晕目眩，寸步难行。就在这时，帝释天变作一个迷路的婆罗门，装出一副又饥又渴又疲惫的样子，来到离兔子不远的地方，用沙哑的嗓音呻吟哭诉：

我同朋友忽离散，只剩一人孤单单，

流落深山密林中，饥渴难忍身体软，

善人快快搭救我,帮我脱离这深渊。
我今迷路失方向,不知何处是家园,
荒野热得气难出,有谁能来搭救俺。

兔子听见这么悲惨的呻吟,急忙飞奔而出,寻声而去。在不远处看见一个可怜的婆罗门旅客,便走上前问道:"你现在是一个迷了路的流浪者。你愿意同我们生活在一起呢?还是愿意暂时由我们供养,明天再找伙伴一同回家?"

这个婆罗门只顾低声哭泣,就是不回答。兔子只好把他当作客人请到家中。

敏捷的猴子见状,就拿来一串熟透的黄色龙眼果,双手合掌对婆罗门说:"我把这好吃的龙眼献给你,请接受它吧!"

水獭急急忙忙地跑到河边抓来七条鱼,对婆罗门说:"这七条鱼,不知是渔夫丢下的,还是受惊跳上河岸的。总之,我已经得到了它,请你收下吧!"

狐狸也急忙将自己找到的食物拿来献给婆罗门:"我不知道这是什么人丢失的一条水蜥蜴,和一缸奶酪,反正我捡到了这些食物,拿来作为对你的供养。请你住在我们森林里吧!"

兔子恭恭敬敬地来到婆罗门跟前说:"我没有什么东西好献给你的。只有把自己的身体烧熟献给你。请你能接受它!"

婆罗门说:"像我们这样的婆罗门是不杀生的,哪能叫你白白送死呢?"

兔子诚恳地说:"在婆罗门的经典上,是允许我这样做的。在我没有找到其他办法之前,请你留在这里吧!"

帝释天为了进一步考验兔子的诚心,又立即变作一堆正在燃烧的火。兔子看见火堆,非常高兴地对婆罗门说:"现在我已经找到了好办法。为了使你享受到我美味身体,我要拿出实际行动。大婆罗门请看吧!"说完,就像寻宝人发现了宝贝,像黄鸭钻进了莲花湖一样,无比欢喜地跳进火堆。这时,帝释天立即现出本相,伸出像莲花一样美好、戴着闪光戒指的双手,捧起火中的兔子,把它带到三十三天,用悦耳的言语向天神介绍说:

诸位天神快来看,这只兔子真圣贤,

只因怜悯苦客人,毫不犹豫把身捐,

这样一个小动物,作出如此大贡献,

想积福德人和神,应该以兔作模范。

帝释天为了表彰兔子的功德,就用兔子的形象去装饰他居住的尊胜宫、善法堂和月亮。所以,直至今日,每当十五的月亮出现时,就可以看见月亮里兔子的身影。

(选自《菩萨本生鬘》)